KB270704

3급 공략 실전 모의고사

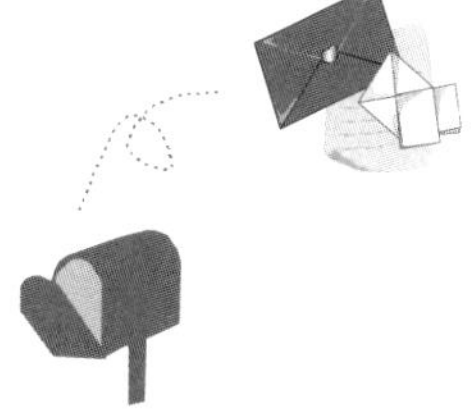

张宁志·陈郁·李明 지음

송산출판사

대표저자 **张宁志**

현 北京语言大学 교수
世界汉语教学学会会员, 中国对外汉语教学研究会会员
1995—1998년 삼성인력개발원 중국어 주임교수
저서
교재 : 《中级汉语会话》, 《新汉语口语教程》
사전 : 《学汉语词典》
논문 : 《口语教材的语域风格问题》1985年
　　　《浅谈汉语教材难度的确定》1991年
　　　《汉语教师教学归因初探》2006年
　　　《汉语教材语料难度的定量分析》2000年
　　　《几个与纠正病句有关的问题》1986年
　　　《汉民族思维及语言的特点与汉语短期强化教学》2000年
　　　《将揭示语引入对外汉语教学的设想》1992年
　　　《鲁迅小说中的颜色词》1986年
　　　《中国文化的源流》1993年

 新 HSK 3급 공략 실전 모의고사 

저　　　자	张宁志·陈郁·李明 지음
발 행 인	윤우상
책임편집	최준명, 윤병호
발 행 일	2010년 8월 19일
초판 3쇄	2016년 1월 15일
발 행 처	송산출판사
주　　　소	서울특별시 서대문구 홍제4동 104-6
전　　　화	(02)735-6189
팩　　　스	(02)737-2260
홈페이지	www.songsanpub.co.kr
E－mａｉｌ	songsan1@korea.com
등 록 일	1976년 2월 2일 제9-40호

ISBN 978-89-7780-153-0 13720

*이 교재의 내용과 저작권은 본 저자에게 있고 어떤 경우에도
저자의 허락 없이 제작·판매하거나 또는 전자매체에 의한 정보
전송제공 등은 할 수 없습니다.
* 잘못된 책은 구입하신 서점이나 본사에서 교환해 드립니다.
* 정가는 표지에 표시되어 있습니다.

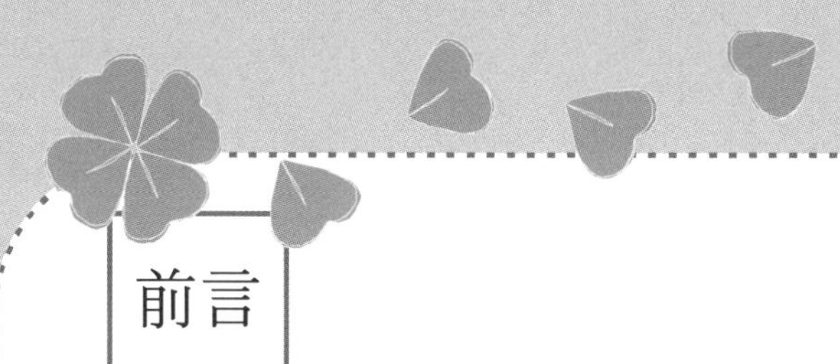

前言

　　新汉语水平考试（HSK）是国家汉办组织中外汉语教学、语言学、心理学和教育测量学等领域的专家，在充分调查、了解海外实际汉语教学情况的基础上，借鉴近年来国际语言测试研究的最新成果，以《国家汉语能力标准》为依据，推出的一项国际汉语能力标准化考试。从2010年起在海外汉语水平的测试均采用由国家汉办主办的新汉语水平考试。

　　新汉语水平考试相比于旧HSK，有很大变化。新HSK分笔试和口试两部分，笔试和口试是相互独立的。笔试包括HSK（一级）、HSK（二级）、HSK（三级）、HSK（四级）、HSK（五级）和HSK（六级）；口试包括HSK（初级）、HSK（中级）和HSK（高级），口试采用录音形式。

　　本书以《新汉语水平考试大纲HSK三级》为依据，为参加新汉语水平考试的考生，准备了四套模拟试题。这四套模拟试题基本上涵盖了新汉语水平考试三级的全部语法点和词汇，因此学生只要根据此书认真学习，并根据已掌握的基本知识与技巧加以举一反三，融会贯通的话，在考试中一定会取得理想的成绩。

　　本书是由北京语言大学教授合作编写的，参加编写的几位教授长期从事对外汉语教学工作，不仅具有丰富的教学经验，另外还编写了很多教材。在编写此书时，为应考需要，准备了多种多样的模拟试题，并在书后附上了答案。最后希望此书对参加新汉语水平考试的朋友们有所帮助。

作者

2010年6月1日于北京

신한어수평고시(HSK)는 국가한반이 중국과 외국의 중국어 교육, 언어학, 심리학과 교육 측정학 등 영역의 전문가를 조직, 해외의 실제 중국어 교육 상황을 충분히 조사하고 이해한 기초를 바탕으로 최근 국제 언어 테스트 연구의 최신 성과를 참고하여, 〈국가한어능력표준〉을 근거로 출시한 국제한어능력표준화 시험이다. 2010년부터 해외에서 한어수평 측정은 모두 국가한반이 주관하는 신한어수평고시로 치뤄진다.

신한어수평고시는 구 HSK에 비해 많은 변화가 있다. 신 HSK는 필기시험과 구술시험으로 나누어진다. 필기시험과 구술시험은 서로 독립되어 있다. 필기시험은 HSK(1급), HSK(2급), HSK(3급), HSK(4급), HSK(5급), HSK(6급)이 포함된다. 그리고 구술시험은 HSK(초급), HSK(중급), HSK(고급)이 포함되며 녹음 형식을 채택한다.

본서는 〈新汉语水平考试大纲HSK三级〉에 근거하여, 신한어수평고시에 참가하는 학생을 위해 4회분의 모의고사가 준비되어 있다. 이 문제들은 한어수평고시3급에 해당되는 문법과 어휘를 모두 포괄하고 있다. 따라서 수험생들은 이 책을 가지고 열심히 공부하고, 이미 배운 기본지식과 기교를 바탕으로 하여, 하나를 들으면 열을 알듯이, 체계적이고 철저하게 이해하면 반드시 이상적인 성적을 얻을 수 있을 것이다.

본서는 北京语言大学교수들이 공저한 것이다. 저서에 참여한 교수들은 모두 오랫동안 중국어 교육에 종사하고 있기 때문에, 중국어를 가르치는 경험이 아주 풍부할 뿐만 아니라, 많은 교재를 편찬하였다. 이 책을 편찬할 때, 시험을 대비하여 다양한 모의고사를 준비하였으며, 부록에 답안도 실어 놓았다. 마지막으로 이 책이 한어수평고시에 응시하는 여러분께 도움이 되길 바란다.

저자
2010년 6월 1일 베이징에서

목차

新汉语水平考试（HSK）介绍

为使汉语水平考试（HSK）更好地服务于汉语学习者，中国国家汉办组织中外汉语教学、语言学、心理学和教育测量学等领域的专家，在充分调查、了解海外汉语教学实际情况的基础上，吸收原有HSK的优点，借鉴近年来国际语言测试研究最新成果，推出新汉语水平考试（HSK）。

一、考试结构

新HSK是一项国际汉语能力标准化考试，重点考查汉语非第一语言的考生在生活、学习和工作中运用汉语进行交际的能力。新HSK分笔试和口试两部分，笔试和口试是相互独立的。笔试包括HSK（一级）、HSK（二级）、HSK（三级）、HSK（四级）、HSK（五级）和HSK（六级）；口试包括HSK（初级）、HSK（中级）和HSK（高级），口试采用录音形式。

笔试	口试
HSK（六级）	HSK（高级）
HSK（五级）	
HSK（四级）	HSK（中级）
HSK（三级）	
HSK（二级）	HSK（初级）
HSK（一级）	

二、考试等级

新HSK各等级与《国际汉语能力标准》《欧洲语言共同参考框架（CEF）》的对应关系如下表所示：

新HSK	词汇量	国际汉语能力标准	欧洲语言框架（CEF）
HSK（六级）	5000及以上	五级	C2
HSK（五级）	2500		C1
HSK（四级）	1200	四级	B2
HSK（三级）	600	三级	B1
HSK（二级）	300	二级	A2
HSK（一级）	150	一级	A1

通过HSK（一级）的考生可以理解并使用一些非常简单的汉语词语和句子，满足具体的交际需求，具备进一步学习汉语的能力。

通过HSK（二级）的考生可以用汉语就熟悉的日常话题进行简单而直接的交流，达到初级汉语优等水平。

通过HSK（三级）的考生可以用汉语完成生活、学习、工作等方面的基本交际任务，在中国旅游时，可应对遇到的大部分交际任务。

通过HSK（四级）的考生可以用汉语就较广泛领域的话题进行谈论，比较流利地与汉语为母语者进行交流。

通过HSK（五级）的考生可以阅读汉语报刊杂志，欣赏汉语影视节目，用汉语进行较为完整的演讲。

通过HSK（六级）的考生可以轻松地理解听到或读到的汉语信息，以口头或书面的形式用汉语流利地表达自己的见解。

三、考试原则

新HSK遵循"考教结合"的原则，考试设计与目前国际汉语教学现状、使用教材紧密结合，目的是"以考促教""以考促学"。

新HSK关注评价的客观、准确，更重视发展考生汉语应用能力。

新HSK制定明确的考试目标，便于考生有计划、有成效地提高汉语应用能力。

四、考试用途

新HSK延续原有HSK汉语能力考试的定位，面向成人汉语学习者。其成绩可以满足多元需求：

1．为院校招生、分班授课、课程免修、学分授予提供参考依据。

2．为用人机构录用、培训、晋升工作人员提供参考依据。

3．为汉语学习者了解、提高自己的汉语应用能力提供参考依据。

4．为相关汉语教学单位、培训机构评价教学或培训成效提供参考依据。

五、成绩报告

考试结束后3周内，考生将获得由国家汉办颁发的新HSK成绩报告。

신 한어수평고사(HSK) 소개

　한어수평고사(HSK)가 중국어 학습자에게 더 좋은 서비스를 제공하기 위하여 중국 국가한반은 중외 중국어 교육, 언어학, 심리학과 교육 측정학 등 영역의 전문가를 조직하여, 해외의 실제 중국어 교육 상황을 충분히 조사하고 이해한 기초를 바탕으로, 기존 HSK의 장점을 살리고 최근 국제 언어 테스트 연구의 최신 성과를 참고하여 신 한어수평고사 (HSK)를 실시하게 되었다.

1. 시험 구조

　신 HSK는 국제 중국어 능력 표준화 수준 시험으로 중국어가 모국어가 아닌 수험생의 생활, 학습과 업무에 중국어를 이용하여 소통하는 능력을 중점 측정한다. 신 HSK는 필기시험과 구술시험으로 나누어져 있으며, 필기시험과 구술시험은 서로 독립되어 있다. 필기시험은 HSK(1급), HSK(2급), HSK(3급), HSK(4급), HSK(5급), HSK(6급)으로 나누어져 있다. 구술시험은 HSK(초급), HSK(중급), HSK(고급)으로 나누어져 있으며, 녹음 형식을 채택한다.

필기시험	구술시험
HSK (6급)	HSK (고급)
HSK (5급)	HSK (고급)
HSK (4급)	HSK (중급)
HSK (3급)	HSK (중급)
HSK (2급)	HSK (초급)
HSK (1급)	HSK (초급)

2. 시험 등급

　신 HSK 각 등급과 《국제 중국어 능력 표준》, 《유럽언어 공동 참고 프레임 (CEF)》의 대응 관계는 아래 표와 같다:

신 HSK	어휘량	국제 중국어 능력 표준	유럽언어 프레임 (CEF)
HSK (6급)	5,000 및 이상	5급	C2
HSK (5급)	2,500		C1
HSK (4급)	1,200	4급	B2
HSK (3급)	600	3급	B1
HSK (2급)	300	2급	A2
HSK (1급)	150	1급	A1

HSK(1급)를 통과한 수험생은 매우 간단한 중국어 단어와 문장을 이해하고 사용할 수 있으며, 구체적인 소통을 할 수 있으므로 진일보한 중국어 학습 능력을 갖추었다.

HSK(2급)를 통과한 수험생은 익숙한 일상 화제에 대해 중국어로 간단하고 직접적인 교류를 할 수 있으며, 초급 중국어 우수 수준에 도달하였다.

HSK(3급)를 통과한 수험생은 중국어로 생활, 학습, 업무 등 방면의 기본 교제 임무를 완성할 수 있으며, 중국에서 여행 시 만나는 대부분의 교제 임무를 대처할 수 있다.

HSK(4급)를 통과한 수험생은 비교적 광범위한 영역의 화제에 대해 중국어로 토론을 진행할 수 있으며, 중국어를 모국어로 하는 사람과 비교적 유창하게 교류를 할 수 있다.

HSK(5급)를 통과한 수험생은 중국어 정기 간행물과 잡지를 읽고 중국어 영화와 TV 프로그램을 감상할 수 있으며, 중국어로 비교적 완전한 연설을 할 수 있다.

HSK(6급)를 통과한 수험생은 중국어 정보를 수월하게 알아듣거나 읽을 수 있으며, 구두 또는 서면 형식으로 유창한 중국어를 이용하여 자신의 견해를 표현할 수 있다.

3. 시험 등급

신 HSK는 "시험과 교육의 결합"의 원칙을 따르고, 시험 설계는 현재 국제 중국어 교육 현황, 교재사용과 긴밀하게 결합하며, 목적은 "시험으로 교육을 촉진하며", "시험으로 학습을 촉진한다"이다.

신 HSK는 평가의 객관성, 정확성을 중시하며 수험생의 중국어 응용 능력의 발전을 더욱 중요시한다.

신 HSK는 명확한 시험 목표를 제정하여, 수험생이 계획적이고 효과적으로 중국어 응용 능력을 향상시키기에 편하도록 한다.

4. 시험 용도

신 HSK는 기존의 HSK 중국어 능력 시험의 객관적인 평가의 연속으로 성인 중국어 학습자를 대상으로 한다. 신 HSK의 성적은 다양한 수요를 만족시킬 수 있다:
(1) 대학의 학생모집, 분반수업, 과정면제, 학점수여 등을 위해 참고 근거를 제공한다.
(2) 인재모집 기관의 채용, 양성, 직원의 진급 등에 참고 근거를 제공한다.
(3) 중국어 학습자가 자신의 중국어 응용 능력을 이해하고 향상시키는데 참고 근거를 제공한다.
(4) 관련 중국어 교육 부서, 양성 기관의 교육 평가 또는 양성 효과 등에 참고 근거를 제공한다.

5. 성적 보고

시험 종료 후 3주내에 수험생은 국가 한반이 수여한 신 HSK 성적 보고를 획득한다.

HSK（三级）介绍

HSK（三级）考查考生的汉语应用能力，它对应于《国际汉语能力标准》三级，《欧洲语言共同参考框架（CEF）》B1级。通过 HSK（三级）的考生可以用汉语完成生活、学习、工作等方面的基本交际任务，在中国旅游时，可应对遇到的大部分交际任务。

一、考试对象

HSK（三级）主要面向按每周2－3课时进度学习汉语三个学期(一个半学年)，掌握600个最常用词语和相关语法知识的考生。

二、考试内容

HSK（三级）共80题，分听力、阅读、书写三部分。

考试内容		试题数量（个）		考试时间（分钟）
一、听力	第一部分	10	40	约 35
	第二部分	10		
	第三部分	10		
	第四部分	10		
二、阅读	第一部分	10	30	25
	第二部分	10		
	第三部分	10		
三、书写	第一部分	5	10	15
	第二部分	5		
填写答题卡				10
共计	/	80		约 85

全部考试约90分钟（含考生填写个人信息时间 5 分钟）。

1．听力

　　第一部分，共10题。每题听两次。每题都是一个对话，试卷上提供几张图片，考生根据听到的内容选出对应的图片。

　　第二部分，共10题。每题听两次。每题都是一个人先说一小段话，另一个人根据这段话说一个句子，试卷上也提供这个句子，要求考生判断对错。

　　第三部分，共10题。每题听两次。每题都是两个人的两句对话，第三个人根据对话问一个问题，试卷上提供3个选项，考生根据听到的内容选出答案。

　　第四部分，共10题。每题听两次。每题都是两个人的4到5句对话，第三个人根据对话问一个问题，试卷上提供3个选项，考生根据听到的内容选出答案。

2．阅读

　　第一部分，共10题。提供20个句子，考生要找出对应关系。

　　第二部分，共10题。每题提供一到两个句子，句子中有一个空格，考生要从提供的选项中选出答案。

　　第三部分，共10题。提供10小段文字，每段文字带一个问题，考生要从3个选项中选出答案。

3．书写

　　第一部分，共5题。每题提供几个词语，要求考生用这几个词语写一个句子。
　　第二部分，共5题。每题提供一个带空格的句子，要求考生在空格上写出正确的汉字。

三、成绩报告

HSK（三级）成绩报告提供听力、阅读、书写和总分四个分数。总分180分为合格。

	满分	你的分数
听力	100	
阅读	100	
书写	100	
总分	300	

　　HSK成绩长期有效。作为外国留学生进入中国院校学习的汉语能力的证明，HSK成绩有效期为两年（从考试当日算起）。

HSK（三级）成绩报告

国家汉办/孔子学院总部
Hanban/Confucius Institute Headquarters

新 汉 语 水 平 考 试
Chinese Proficiency Test

HSK（三级）成绩报告
HSK (Level 3) Examination Score Report

姓 名（Name）:

性 别（Gender）: ____________ 国 籍（Nationality）: ____________

考试时间（Examination Date）: ____________ 年(Year) ____ 月(Month) ____ 日(Day)

编 号（No.）:

	满分(Full Score)	你的分数(Your Score)
听力 (Listening)	100	
阅读 (Reading)	100	
书写 (Writing)	100	
总分 (Total Score)	300	

总分180分为合格 (Passing Score: 180)

主任
Director ____________

中国 ·北京
Beijing China

신HSK (3급)소개

HSK (3급)은 수험생의 중국어 응용능력을 테스트하며, 등급은 《국제한어능력표준》 3급, 《유럽 언어 공동 참고 프레임 (CEF) 》 B1급에 해당된다. HSK3급에 합격한 응시자는 중국어로 일상생활, 학습, 업무 등 각 분야의 상황에서 기본적인 회화를 진행할 수 있다. 또한 중국여행 시 겪게 되는 대부분의 상황들을 중국어로 대응 할 수 있는 수준에 해당한다.

一、 시험 대상자

HSK(3급)은 매주 2-3시간씩 3학기 (120-180시간) 정도의 중국어를 학습하고, 600개의 상용어휘와 관련 어법지식을 마스터한 학습자를 대상으로 한다.

二、 시험 내용

HSK(3급)은 총 80문제이며, 듣기, 독해, 쓰기 3부분으로 나누어져 있다.

시험 내용		시험문제 수 (문항)	시험시간 (분)
一、 듣기	제1부분	10	약 35분
	제2부분	10	
	제3부분	10	
	제4부분	10	
二、 독해	제1부분	10	25
	제2부분	10	
	제3부분	10	
三、 쓰기	제1부분	5	15
	제2부분	5	
답안지 작성			10분
합계	/	80	약 85분

시험 총 시간은 90분이다(수험생 개인정보 입력시간 5분 포함).

1. 듣기

제1부분은 총 10문항이다. 모든 문제는 두 번씩 들려준다. 모든 문제는 하나의 대화로 이루어져 있으며, 응시자는 시험지에 주어진 여러 그림 중 들려주는 대화 내용과 일치하는 것을 선택한다.

제2부분은 총 10문항이다. 모든 문제는 두 번씩 들려준다. 모든 문제는 한 사람이 한 단락의 문장을 읽은 다음, 다른 한 사람은 그 문장과 관련된 문장을 제시한다. 시험지에도 이 문장이 제시 되어 있으며, 응시자는 들려준 단문의 내용과 맞는지 판다한다.

제3부분은 총 10문항이다. 모든 문제는 두 번씩 들려준다. 모든 문제는 두 사람의 대화로 두 문장으로 구성되어 있다. 세 번째 사람이 이 대화와 관련된 질문을 한다. 응시자는 시험지에 주어진 3개의 선택 항목 중에서 정답을 고른다.

제4부분은 총 10문항이다. 모든 문제는 두 번씩 들려준다. 모든 문제는 두 사람의 대화로 4-5문장으로 구성되어 있다. 세 번째 사람이 이 대화와 관련된 질문을 한다. 응시자는 시험지에 주어진 3개의 선택 항목 중에서 정답을 고른다.

2. 독해

제1부분 총 10문항이다. 응시자는 주어진 20개 문장 중, 주어진 내용과 서로 상응한 문장들을 연결시킨다.

제2부분은 총 10문항이다. 모든 문장은 1-2개의 문장으로 구성되어 있으며, 문장 가운데에는 하나의 빈칸이 있다. 응시자는 선택 항목 중, 빈칸에 들어갈 알맞은 단어를 선택한다.

제3부분은 총 10문항이다. 10문항은 모두 하나의 단문과 하나의 질문으로 구성되어 있다. 응시자는 시험지에 선택 항목 3개 중에서 정답을 고른다.

3. 쓰기

제1부분은 총 5문항이다. 모든 문제에는 여러 개의 단어가 제시되어 있다. 응시자는 주어진 단어를 사용하여 하나의 완성된 문장을 만든다.

제2부분은 총 5문항이다. 모든 문제는 하나의 빈칸이 들어간 문장으로 구성되어 있다. 응시자는 빈칸에 들어갈 알맞은 한자를 쓴다.

三、성적 통지

    HSK(3급)성적통지는 듣기, 독해, 쓰기와 합계 점수를 제공하며 합계가 180점이면 합격이다.

	만점	당신의 점수
듣기	100	
독해	100	
쓰기	100	
합계	300	

    HSK성적은 장기간 유효하다. 외국인 유학생으로 중국의 대학에 진학할 때 중국어능력 증명서로 쓸 경우, 유효기간은 2년이다(시험당일부터 계산한다).

HSK (三级)考试要求及过程

一、 HSK (三级) 考试要求

1．考试前，考生要通过《新汉语水平考试大纲HSK三级》等材料，了解考试形式，熟悉答题方式。

2．参加考试前，考生需要带：身份证件、准考证、2B铅笔、橡皮

二、HSK (三级) 考试过程

1．考试开始时，主考宣布：

> 大家好！欢迎参加HSK (三级)考试。

2．主考提醒考生(可以用考生的母语及其他有效方式)：

(1) 关闭手机。

(2) 把准考证和身份证件放在桌子的右上方。

3．之后，主考请监考发试卷。

4．试卷发完后，主考向考生解释试卷封面上的注意内容(可以用考生的母语及其他有效方式)：

注　意

一、HSK（三级）分三部分：
　　1．听力（40题，约35分钟）
　　2．阅读（30题，25分钟）
　　3．书写（10题，15分钟）
二、答案先写在试卷上，最后10分钟再写在答题卡上。
三、全部考试约90分钟（含考生填写个人信息时间5分钟）。

5．　之后，主考宣布：

> 现在请大家填写答题卡。

主考示意考生参考准考证**(可以用考生的母语及其他有效方式)**，用铅笔填写答题卡上的姓名、国籍、序号、性别、考点、年龄、你是华裔吗、学习汉语的时间等信息。

姓名要求写证件上的姓名。

关于华裔考生的概念，可解释为：父母双方或一方是中国人的考生。

6．之后，主考宣布：

> 现在开始听力考试。

7．主考播放听力录音。

8．听力考试结束后，主考宣布：

> 现在开始阅读考试。考试时间为25分钟。

9．阅读考试还剩5分钟时，主考宣布：

> 阅读考试时间还有5分钟。

10．阅读考试结束后， 主考宣布：

> 现在开始书写考试。考试时间为15分钟。**请直接把答案写在答题卡上。**

主考提示考生直接把答案写在答题卡上 **(可以用考生的母语及其他有效方式)**。

11．书写考试还剩5分钟时，主考宣布：

> 书写考试时间还有5分钟。

12．书写考试结束后，主考宣布：

> 现在请把第1到第70题的答案写在答题卡上，时间为10分钟。

主考提醒考生把答案写在答题卡上 **(可以用考生的母语及其他有效方式)**。

13．10分钟后，主考请监考收回试卷和答题卡。

14. 主考清点试卷和答题卡后宣布：

考试现在结束。谢谢大家！再见。

HSK (3급)시험 요구사항과 과정

一、 HSK (3급)시험 요구 사항

1. 시험 전에 《신한어수평고시 대강 HSK3급》등 자료를 통하여 시험유형을 이해하고 답안지 작성방식을 숙지해야 한다.
2. 시험 시 지참해야 할 것: 신분증, 수험표, 2B연필, 지우개.

二、 HSK (3급)시험 과정

1. 시험을 시작할 때 주임 시험관이 다음과 같이 말한다:

> 여러분 안녕하세요. HSK(3급)에 응시하신 것을 환영합니다.

2. 주임 시험관이 수험생에게 안내말씀을 한다 (**수험생의 모국어 또는 다른 유효한 방식을 이용할 수 있다**):
(1) 핸드폰을 꺼주세요.
(2) 수험표와 신분증을 책상 우측 상단에 놓으세요.

3. 그리고 주임 시험관이 시험 감독에게 시험지를 나누어 주도록 한다.

4. 시험지를 다 나누어 준 다음, 주임 시험관이 수험생에게 시험지 표지의 주의사항을 설명해 준다. (**수험생의 모국어 또는 다른 유효한 방식을 이용할 수 있다**):

주 의

一、HSK(3급)은 세 부분으로 나누어져 있다.
    1. 듣기 (40문제, 약 35분)
    2. 독해 (30문제, 25분)
    3. 쓰기 (10문제, 15분)
二、**답안은 우선 시험지에 적고 마지막 10분 남았을 때 답안지에 옮겨 적는다.**
三、시험 총 시간은 90분이다(수험생 개인정보 입력시간 5분 포함).

5. 그리고 나서 주임 시험관이 말한다:

> 지금부터 여러분의 답안지 카드를 작성하십시오.

　　주임 시험관은 수험생에게 수험표를 참고하여(**수험생의 모국어 또는 다른 유효한 방식을 이용할 수 있다**), 연필로 답안지 카드에 성명, 국적, 수험표번호, 성별, 시험 장소, 나이, 당신은 화교입니까, 중국어를 배운 시간 등 정보를 적어 넣도록 한다.
　　성명은 증명서의 이름을 써야 한다.
　　화교의 개념을 해석하자면 부모 쌍방 혹은 부모 중 한 쪽이 중국인인 수험생을 말함.

6. 그리고 나서 주임 시험관이 말한다:

> 지금부터 듣기시험을 시작합니다.

7. 주임 시험관이 듣기녹음을 틀어준다.

8. 듣기시험이 끝나면 주임 시험관이 말한다:

> 지금부터 독해시험을 시작합니다. 시험시간은 25분입니다.

9. 독해시험 시간이 5분 남았을 때 주임 시험관이 말한다.

> 독해시험이 5분 남았습니다.

10. 독해시험이 끝나면 주임 시험관이 말한다:

> 지금부터 쓰기시험을 시작합니다. 시험시간은 15분입니다. **답안을 직접 답안 지에 적어주십시오.**

　　주임 시험관은 수험생에게 답안을 직접 답안지에 작성할 것을 안내해 준다(**수험생 의 모국어 또는 다른 유효한 방식을 이용할 수 있다**).

11. 쓰기시험시간이 5분 남았을 때 주임 시험관이 말한다:

> 쓰기시험시간이 5분 남았습니다.

12. 쓰기시험 끝나면 주임 시험관이 말한다.

> 지금부터 문제 1-70의 답안을 답안지에 옮겨 적으시오. 시간은 10분입니다.

　주임 시험관은 수험생에게 답안을 직접 답안지에 작성할 것을 안내해 준다(**수험생의 모국어 또는 다른 유효한 방식을 이용할 수 있다**).

13. 10분 후 주임 시험관은 시험 감독에게 시험지와 답안지를 거두라고 한다.

14. 주임 시험관은 시험지와 답안지를 체크하고 말한다:

> 시험을 여기서 마치겠습니다. 감사합니다.

실전모의시험

新汉语水平考试题

HSK（三级）模拟试题（1）

注　　意

一、HSK（三级）分三部分：

　　1.听力（40题，约35分钟)

　　2.阅读（30题，25分钟)

　　3.书写（10题，15分钟）

二、答案先写在试卷上，最后10分钟再写在答题卡上。

三、全部考试约90分钟（含考生填写个人信息时间5分钟）。

一、听 力

第 一 部 分

第1 – 5题

A

B

C

D

E

F

例如：　男：　喂，请问张经理在吗？

　　　　女：　他正在开会，您半个小时以后再打，好吗？　　　D

1.

2.

3.

4.

5.

第 6－10 题

A  　　　　　　　　　　B 

C  　　　　　　　　　　D 

E 

6. 　　　　　　　　　　□

7. 　　　　　　　　　　□

8. 　　　　　　　　　　□

9. 　　　　　　　　　　□

10. 　　　　　　　　　□

第11－20题

例如：　为了让自己更健康，他每天都花一个小时去锻炼身体。

　　　　★ 他希望自己很健康。　　　　　　　　　　　　　　（　√　）

　　　　今天我想早点儿回家。看了看手表，才五点。过了一会儿再看表，还是五点，我这才发现我的手表不走了。

　　　　★ 那块儿手表不是他的。　　　　　　　　　　　　　（　×　）

11．★ 他没带钱包。　　　　　　　　　　　　　　　　　（　　　　）

12．★ 他还是不太适应学校的生活。　　　　　　　　　　（　　　　）

13．★ 妈妈想来医院照顾我。　　　　　　　　　　　　　（　　　　）

14．★ 他喜欢下雨天。　　　　　　　　　　　　　　　　（　　　　）

15．★ 现在他的英语水平很高。　　　　　　　　　　　　（　　　　）

16．★ 网络拉近了人与人之间的距离。　　　　　　　　　（　　　　）

17．★ 每个人做出的菜味道都一样。　　　　　　　　　　（　　　　）

18．★ 明天很暖和。　　　　　　　　　　　　　　　　　（　　　　）

19．★ 他很喜欢吃妈妈做的菜。　　　　　　　　　　　　（　　　　）

20．★ 他要准备考试。　　　　　　　　　　　　　　　　（　　　　）

第 三 部 分

第21-30题

例如：　男：　小王，帮我开一下门，好吗？谢谢！

　　　　女：　没问题。您去超市了？买了这么多东西。

　　　　问：　男的想让小王做什么？

　　　　　　　A　开门　　　√　　　　B　拿东西　　　　C　去超市买东西

21.　　　A　钱　　　　　　　　B　创可贴　　　　C　感冒药

22.　　　A　路上堵车　　　　　B　去买东西了　　　C　去洗手间了

23.　　　A　12号　　　　　　　B　13号　　　　　C　14号

24.　　　A　不想上班　　　　　B　上班迟到了　　　C　上班要迟到了

25.　　　A　三楼的小教室　　　B　三楼的大教室　　C　一楼的大厅里

26.　　　A　可乐　　　　　　　B　雪碧　　　　　　C　可乐和雪碧

27.　　　A　服务员　　　　　　B　售票员　　　　　C　银行职员

28.　　　A　打算开公司　　　　B　想去外国留学　　C　找到了更好的工作

29.　　　A　银行　　　　　　　B　市场　　　　　　C　书店

30.　　　A　问路　　　　　　　B　找人　　　　　　C　买东西

第31－40题

例如： 女： 晚饭做好了，准备吃饭了。

男： 等一会儿，比赛还有三分钟就结束了。

女： 快点儿吧，一起吃，菜冷了就不好吃了。

男： 你先吃，我马上就看完了。

问： 男的在做什么？

A 洗澡　　　　　　B 吃饭　　　　　　C 看电视　　√

31. A 机场　　　　　　B 车站　　　　　　C 商场

32. A 买鲜花　　　　　B 找工作　　　　　C 找吃的

33. A 商店　　　　　　B 王府井　　　　　C 游泳池

34. A 做菜　　　　　　B 找朋友　　　　　C 找玩儿的地方

35. A 朋友　　　　　　B 上下级　　　　　C 服务员和顾客

36. A 手机　　　　　　B 钱包　　　　　　C 钥匙

37. A 男的教她英语　　B 男的帮她搬家　　C 男的教她打网球

38. A 去朋友家　　　　B 去买东西　　　　C 去看电影

39. A 住院了　　　　　B 感冒了　　　　　C 去医院了

40. A 一般　　　　　　B 很有意思　　　　C 很没意思

二、阅 读

第 一 部 分

第41-45题

A   哪儿的话，我还没有女朋友呢。

B   可以是可以，不过听说明天下午要下雨。

C   我觉得屋里的空气不太好，所以想换换空气。

D   那怎么办？麻烦您再帮我好好儿看一看，好吗？

E   当然。我们先坐公共汽车，然后换地铁。

F   是在第一百货商店买的，最近正在打折，你快去买吧。

例如： 你知道怎么去那儿吗？   （   E   ）

41.   你的衣服真漂亮！在哪儿买的？我也想买一件。   （   ）

42.   你不冷吗？怎么把窗户打开了？   （   ）

43.   对不起，今天去天津的火车票都卖光了。   （   ）

44.   听说你要结婚了，祝贺你呀！   （   ）

45.   今天我有点儿事儿，明天下午陪你去，可以吗？   （   ）

A　你不要太多心，我对你没什么意见。

B　为什么不送他去美国啊？听说澳大利亚的英语发音不太标准。

C　是吗？我还以为他比你大好几岁呢。

D　真羡慕你呀，这个周末我得加班。

E　放心吧，忘不了。哦，对了，晚饭我已经做好了。

46.　妈妈，今天晚上六点半开家长会，你别忘了。　　　（　　　）

47.　我打算送我的孩子去澳大利亚留学。　　　（　　　）

48.　他显得老，其实，他没有我大。　　　（　　　）

49.　我跟朋友约好了这个星期六一起去雁荡山看红叶。　　　（　　　）

50.　你是不是对我有什么意见啊？　　　（　　　）

第51-55题

A 点　　　　　B 路　　　　　C 手机　　　　　D 声音　　　　　E 到　　　　　F 方便

例如：　她说话的（　D　）多好听啊！

51.　　我可以用一下你的（　　　）吗？

52.　　你可以坐32（　　　）公共汽车，也可以打车去。

53.　　我们公司午休时间是从十二点（　　　）一点。

54.　　我大概两（　　　）半能到，你在百货商店门口等我吧。

55.　　我现在接电话不太（　　　），到家以后我给你打电话。

A 一般　　　B 伤　　　C 出　　　D 爱好　　E 现金　　F 试试

例如：　A：你有什么（　D　）？

　　　　B：我喜欢体育。

56.　A：你为什么要换房间？

　　　B：房间里不（　　　）热水，而且旁边的房间特别吵。

57.　A：我们公司食堂的饭菜一点儿也不好吃。

　　　B：我们公司食堂的饭菜也很（　　　），所以中午我一般都去外边的饭店吃。

58.　A：你的孩子把我的孩子打（　　　）了。

　　　B：是吗？严不严重，要不要去医院看一看？

59.　A：这件衣服有点儿小，我可以（　　　）那件吗？

　　　B：当然可以了，您稍等。

60.　A：昨天跟朋友一起逛街的时候，我丢了钱包。

　　　B：是吗？里面有没有（　　　）？

第61-70题

例如： 您是来参加今天会议的吗？您来早了一点儿，现在才八点半。您先进来坐
吧。

　　★ 会议最可能几点开始？

　　　A 8点　　　　　　　　　B 8点半　　　　　　　　C 9点　√

61. 俗话说："笑一笑，十年少，愁一愁，白了头"，"笑口常开，青春常在"。

　　★ 根据这两句话，可以知道：

　　　A 不能笑　　　　　　　B 要经常笑　　　　　　　C 笑的话会年轻10岁

62. 我跟一个朋友碰巧买了同样款式和颜色的衣服，有的朋友就问我们：你们俩的
衣服是不是一起买的？

　　★ 两件衣服：

　　　A 完全一样　　　　　　B 颜色不同　　　　　　　C 是一起买的

63. 黄昏时的夕阳，虽然短暂，但却是一天中最美的时刻，夕阳的余晖不刺眼也不
热。白天的太阳也很漂亮，只是有些刺眼。

　　★ 夕阳：

　　　A 很热　　　　　　　　B 非常美　　　　　　　　C 很刺眼

64. 我来介绍一下日程安排，我们首先要去上海，在上海大概住两天，然后到杭
州，在杭州大概住一天，最后从杭州返回北京。

　　★ 在杭州住几天？

　　　A 一天　　　　　　　　B 两天　　　　　　　　　C 三天

65. 小明，你爸爸说要戒烟，所以如果他抽烟的话，你一定要告诉妈妈，我们一起
    督促他戒烟，好不好?

    ★ 根据这句话，可以知道：

        A 小明抽烟   B 爸爸决定戒烟   C 小明的妈妈抽烟

66. 篮球比赛已经结束了，虽然我们尽了全力，但还是输了，真是太可惜了!

    ★ 这场比赛：

        A 我们赢了   B 我们中途放弃了   C 我们输给了对方

67. 小王对历史很感兴趣，所以有机会的话，他想去北京和西安看一看，这样可以
    加深对中国历史的了解。

    ★ 他希望：

        A 学电脑   B 多看历史书   C 多看看历史遗迹

68. 篮球? 刚才还在这儿来着，怎么没了呢? 来，我帮你找，你看看沙发底下有没有。

    ★ 篮球：

        A 没了   B 是棕色的   C 在沙发底下

69. 好久没有来这里吃饭了，这里重新装修了，跟以前比宽敞了很多，但跟以前一
    样的是：还是有那么多人在排队等候吃饭。

    ★ 这家饭店以前：

        A 顾客不多   B 生意很火   C 店铺很小

70. 今天早上我起晚了，所以匆匆忙忙地出了家门，当我要买地铁票的时候，我才
    发现钱包没了，钱包里没多少现金，不过里面有我的名片，我觉得捡到钱包的
    人会给我打电话。

    ★ 钱包：

        A 在家里   B 也许能找到   C 肯定找不到

三、书 写

第 一 部 分

第71-75题

例如：小船　　　上　　　一　　　河　　　条　　　有

<u>河上有一条小船。</u>

71.　更　　　我　　　苹果　　　喜欢　　　吃

72.　我们　　　明天　　　学校　　　到　　　不用

73.　李先生　　　哪　　　要　　　位　　　你　　　找

74.　中国　　　买　　　这本　　　是　　　在　　　书　　　的

75.　8月20日　　　典礼　　　在　　　的　　　毕业　　　大礼堂　　　举行　　　学校

第76-80题

例如： 没（ 关 ）系，别难过，高兴点儿。
（关 = guān）

76． 今天（ ）气真好，不冷也不热。
（ = tiān）

77． 每天下班（ ）后还得加班。
（ = yǐ）

78． 你觉得（ ）语难不难？
（ = Hàn）

79． 我喜欢游泳、（ ）乒乓球和爬山。
（ = dǎ）

80． 我有三（ ）兄弟姐妹。
（ = ge）

新 汉 语 水 平 考 试 题

HSK（三级）模拟试题（2）

注　　意

一、HSK（三级）分三部分：

　　1．听力（40题，约35分钟)

　　2．阅读（30题，25分钟)

　　3．书写（10题，15分钟）

二、答案先写在试卷上，最后10分钟再写在答题卡上。

三、全部考试约90分钟（含考生填写个人信息时间5分钟）。

一、听 力

第 一 部 分

第1–5题

A

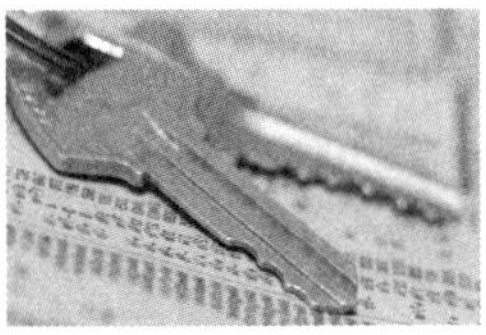

B

C

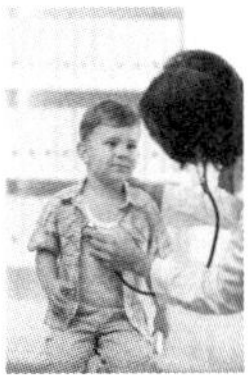

D

E

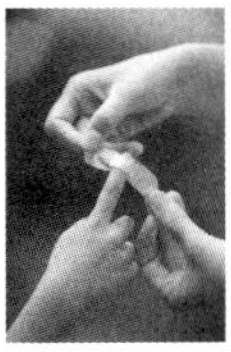

F

例如： 男： 喂，请问张经理在吗？

女： 他正在开会，您半个小时以后再打，好吗？　　D

1.

2.

3.

4.

5.

第 6 – 10 题

A 

B 

C 

D 

E 

6.

7.

8.

9.

10.

第11－20题

例如：　为了让自己更健康，他每天都花一个小时去锻炼身体。

　　　　★ 他希望自己很健康。　　　　　　　　　　　　　　（　√　）

　　　　今天我想早点儿回家。看了看手表，才五点。过了一会儿再看表，还是五点，我
这才发现我的手表不走了。

　　　　★ 那块儿手表不是他的。　　　　　　　　　　　　　（　×　）

11．★ 他在地铁站等地铁。　　　　　　　　　　　　　　　（　　　）

12．★ 他在国外生活了很多年。　　　　　　　　　　　　　（　　　）

13．★ 明天他去广州参观工厂。　　　　　　　　　　　　　（　　　）

14．★ 他不喜欢热天。　　　　　　　　　　　　　　　　　（　　　）

15．★ 现在我还是不太理解我父母。　　　　　　　　　　　（　　　）

16．★ 汽车的用处不太多。　　　　　　　　　　　　　　　（　　　）

17．★ 他不喜欢吃汉堡。　　　　　　　　　　　　　　　　（　　　）

18．★ 明天下午要开会。　　　　　　　　　　　　　　　　（　　　）

19．★ 他一直坚持锻炼。　　　　　　　　　　　　　　　　（　　　）

20．★ 我不爱吃这个冰激凌了。　　　　　　　　　　　　　（　　　）

第 三 部 分

第21－30题

例如：　男：　小王，帮我开一下门，好吗？谢谢！

　　　　女：　没问题。您去超市了？买了这么多东西。

　　　　问：　男的想让小王做什么？

　　　　　　　A　开门　　　√　　　　B　拿东西　　　　　C　去超市买东西

21.　　　A　感冒了　　　　　　B　没睡好　　　　　C　生气了

22.　　　A　收银员　　　　　　B　快递员　　　　　C　管理员

23.　　　A　开车　　　　　　　B　运动　　　　　　C　走路

24.　　　A　班长　　　　　　　B　体育老师　　　　C　英语老师

25.　　　A　半个小时　　　　　B　一个小时　　　　C　两个小时

26.　　　A　西餐　　　　　　　B　中餐　　　　　　C　不知道

27.　　　A　买鞋　　　　　　　B　去拿鞋　　　　　C　去商店

28.　　　A　感冒了　　　　　　B　出院了　　　　　C　要生孩子了

29.　　　A　加班　　　　　　　B　做糖醋肉　　　　C　回家看电视

30.　　　A　逛街　　　　　　　B　买衣服　　　　　C　参加婚礼

第 四 部 分

第31－40题

例如：　女：　晚饭做好了，准备吃饭了。

　　　　男：　等一会儿，比赛还有三分钟就结束了。

　　　　女：　快点儿吧，一起吃，菜冷了就不好吃了。

　　　　男：　你先吃，我马上就看完了。

　　　　问：　男的在做什么？

　　　　　　　A　洗澡　　　　　　　B　吃饭　　　　　　　C　看电视　　√

31.　　A　故宫　　　　　　　B　长城　　　　　　　C　圆明园

32.　　A　42　　　　　　　　B　43　　　　　　　　C　44

33.　　A　七点　　　　　　　B　九点　　　　　　　C　十点

34.　　A　钓鱼　　　　　　　B　爬山　　　　　　　C　买书

35.　　A　去机场　　　　　　B　去车站　　　　　　C　去学校

36.　　A　汉堡　　　　　　　B　面条　　　　　　　C　面包

37.　　A　银行　　　　　　　B　餐厅　　　　　　　C　加油站

38.　　A　男人的奶奶　　　　B　男人的邻居　　　　C　男人的妈妈

39.　　A　没考好　　　　　　B　不舒服　　　　　　C　钱包丢了

40.　　A　面试　　　　　　　B　打折　　　　　　　C　要结婚

二、阅　读

第　一　部　分

第41-45题

A　　　我平时工作比较忙，所以没时间看电视。

B　　　到那时你就会说，我们明年春天再去吧。

C　　　又不是什么大事，过个生日而已。

D　　　还有什么症状？是从什么时候开始的？

E　　　当然。我们先坐公共汽车，然后换地铁。

F　　　听是听了，不过没仔细听，要不我上网给你查一查。

例如：　你知道怎么去那儿吗？　　　　　　　　　　　　　　（　E　）

41.　　你怎么不早告诉我一声啊？　　　　　　　　　　　　（　　　）

42.　　我好像是拉肚了，发烧、肚子疼、浑身没劲儿。　　　（　　　）

43.　　你听天气预报了吗？今天天气怎么样？　　　　　　　（　　　）

44.　　你喜欢看什么节目？电视剧还是新闻？　　　　　　　（　　　）

45.　　现在去太热了，等到秋天再去吧。　　　　　　　　　（　　　）

A   可以呀，你想吃什么？

B   看是看了，不过没看完就睡着了。

C   没关系，我们可以从窗户跳进去。

D   我爱人跟你爱人正好相反。

E   我倒是挺满意的，不过我家人都反对。

46.   我觉得他的各方面条件都不错，你再考虑一下。（　　　　）

47.   糟糕！我忘了带钥匙。（　　　　）

48.   我爱人喜欢做饭，不喜欢打扫房间和洗衣服。（　　　　）

49.   今天太累了，我们叫外卖吧。（　　　　）

50.   昨晚的足球比赛你看了吗？比赛结果怎么样？（　　　　）

第51-55题

A 死　　　　B 时间　　　C 条　　　　D 声音　　　E 买　　　　F 舒服

例如：　她说话的（　D　）多好听啊！

51.　　这条围巾真漂亮！谁给你（　　　）的?

52.　　每天上下班就要三个多小时，累（　　　）了 。

53.　　今天我身体有点儿不（　　　），所以想早点儿回家。

54.　　这（　　　）裙子式样还可以，只是价钱有点儿贵。

55.　　很长（　　　）没跟你联系了，最近过得怎么样?

第56-60题

A 汉语　　　B 点　　　　C 认识　　　D 爱好　　　E 这里　　　F 漂亮

例如：　A： 你有什么（　D　）？

　　　　B： 我喜欢体育。

56.　A： 你怎么又迟到了？

　　　B： 你是不是看错表了？　现在才七（　　　）五十呀。

57.　A： 在（　　　）可以抽烟吗？

　　　B： 真不好意思，不可以。如果你想抽烟的话，得去外边抽。

58.　A： 你（　　　）说得真好！在哪儿学的？

　　　B： 在北京学的，不过有好长时间没说了，所以都有点儿忘了。

59.　A： 有机会的话，到中国来玩儿吧。

　　　B： 也许明年我会去中国，到时候你可别不（　　　）我啊！

60.　A： 我觉得你穿这件衣服非常（　　　），你买吧。

　　　B： 我们还是再去别的地方逛逛吧，也许会有更好的。

第 三 部 分

第61-70题

例如：　您是来参加今天会议的吗？您来早了一点儿，现在才八点半。您先进来坐
　　　　吧。

　　　★　会议最可能几点开始？

　　　　A 8点　　　　　　　　B 8点半　　　　　　C 9点　√

61.　在中国结婚以后不工作的女人不太多，所以家务活一般来说都是由男人来做，
　　　比如说，洗衣服、做饭、打扫房间等等。

　　　★　根据这句话，可以知道：

　　　　A 中国男人很懒　　　B 男的做家务活　　　C 婚后女的不工作

62.　我跟他是大学同学，毕业以后我们在同一家公司工作，我们两个人的兴趣爱好
　　　也差不多，我们俩每天都在一起，所以公司的同事常跟我们开玩笑说："你们
　　　俩是不是搞同性恋啊？"

　　　★　我跟这个朋友：

　　　　A 是好朋友　　　　　B 搞同性恋　　　　　C 是高中同学

63.　童年非常短暂，却是一生中最开心的时期，童年没有生活的压力，也没有学习的
　　　压力，过得特别轻松愉快。长大以后虽然也会开心，但却没有了童年时的纯真。

　　　★　童年的时候：

　　　　A 轻松愉快　　　　　B 压力很大　　　　　C 很不开心

64.　明天早上我得早点儿起床，上午九点得去机场接一个客户，把客人安顿好以后，
　　　下午得把样品送到工厂，办完事以后我还得回办公室准备有关展览会的资料。

　　　★　上午他做什么？

　　　　A 去工厂　　　　　　B 接客人　　　　　C 准备资料

65. 明明，你要记住妈妈说的话，自己一个人在家的时候一定要锁好门，如果有陌生人敲门的话，千万不要给他开门，另外，不要玩火。

    ★ 根据这段话，可以知道：

        A 要敲门　　　　　　B 不要锁门　　　　　　C 自己在家的时候要小心

66. 在举行毕业典礼的时候，有很多同学都哭了，我们在一起生活了四年，感情非常深，大家都舍不得离开。虽然我们天各一方，但我们会经常联系，五周年或者十周年的时候，还会聚一聚。

    ★ 毕业之后：

        A 都很开心　　　　　　B 舍不得分手　　　　　　C 会经常见面

67. 小张很喜欢吃北京的小吃，他希望下次去北京旅游的时候，可以去尝一尝。

    ★ 小张希望：

        A 学做北京菜　　　　　　B 去北京吃小吃　　　　　　C 去很多地方旅游

68. 小刚，你发烧了？你爸爸、妈妈不在家，我领你去医院看看吧，我现在正好有时间。

    ★ 小明：

        A 发烧了　　　　　　B 在医院　　　　　　C 陪我去医院

69. 自从初中毕业之后就再也没见到过他，没想到今天会在这里遇到他，他看上去很成熟，个子也长高了，但性格好像还是和以前一样。

    ★ 他以前性格怎么样？

        A 很急　　　　　　B 很慢　　　　　　C 跟现在一样

70. 也不知道是什么原因，今天路上堵车堵得特别厉害，七点半上课，我八点十分才到学校，我怕老师说我，所以第一节课没敢进去，我想下课以后跟老师好好说说，也许老师会原谅我。

    ★ 我现在最可能在：

        A 家　　　　　　B 学校　　　　　　C 去学校的路上

三、书 写

第 一 部 分

第71-75题

例如： 小船　　　上　　　一　　　河　　　条　　　有

　　　　<u>河上有一条小船。</u>

71.　　　很　　　我　　　学　　　车　　　想　　　开

72.　　　我　　　公司　　　贸易　　　在　　　工作　　　爸爸

73.　　　东西　　　在　　　你　　　什么　　　找　　　东西

74.　　　跟　　　我　　　来　　　是　　　我朋友　　　的　　　一起

75.　　　一起　　　吧　　　我们　　　吃　　　饭　　　去

第 二 部 分

第76-80题

例如： 没（　关　）系，别难过，高兴点儿。

（guān）

76. 我每天早上六点（　　　）床。

（qǐ）

77. 我下个星期去（　　　）国出差。

（Zhōng）

78. 你为什么（　　　）在才告诉我？

（xiàn）

79. 你知道他（　　　）在哪儿吗？

（jiā）

80. 你能不能给我介绍一个（　　　）朋友？

（nǚ）

新 汉 语 水 平 考 试 题

HSK（三级）模拟试题（3）

注　　意

一、HSK（三级）分三部分：

　　1．听力（40题，约35分钟)

　　2．阅读（30题，25分钟)

　　3．书写（10题，15分钟）

二、答案先写在试卷上，最后10分钟再写在答题卡上。

三、全部考试约90分钟（含考生填写个人信息时间5分钟）。

一、听 力

第 一 部 分

第1－5题

A   B

C    D

E    F

例如： 男： 喂，请问张经理在吗？

       女： 他正在开会，您半个小时以后再打，好吗？   D

1.

2.

3.

4.

5.

A

B

C

D

E

6.

7.

8.

9.

10.

第 二 部 分

第11－20题

例如：　为了让自己更健康，他每天都花一个小时去锻炼身体。

　　　　★ 他希望自己很健康。　　　　　　　　　　　　　　　　（ √ ）

　　　　今天我想早点儿回家。看了看手表，才五点。过了一会儿再看表，还是五点，我这才发现我的手表不走了。

　　　　★ 那块儿手表不是他的。　　　　　　　　　　　　　　　（ × ）

11．★ 他没带雨伞。　　　　　　　　　　　　　　　　　　　　（　　）

12．★ 我以前不喜欢弹钢琴。　　　　　　　　　　　　　　　　（　　）

13．★ 他打算今天下午去买书。　　　　　　　　　　　　　　　（　　）

14．★ 他家很小。　　　　　　　　　　　　　　　　　　　　　（　　）

15．★ 他的腿还是有点儿疼。　　　　　　　　　　　　　　　　（　　）

16．★ 要限制青少年玩儿网络游戏。　　　　　　　　　　　　　（　　）

17．★ 他们学校的老师都很年轻。　　　　　　　　　　　　　　（　　）

18．★ 妈妈今天晚上要加班。　　　　　　　　　　　　　　　　（　　）

19．★ 我喜欢听故事。　　　　　　　　　　　　　　　　　　　（　　）

20．★ 他不喜欢看足球赛。　　　　　　　　　　　　　　　　　（　　）

第 三 部 分

第21－30题

例如： 男： 小王，帮我开一下门，好吗？谢谢！

女： 没问题。您去超市了？买了这么多东西。

问： 男的想让小王做什么？

A 开门 　　√ B 拿东西 C 去超市买东西

21. A 书 B 钱包 C 钥匙

22. A 美术馆 B 图书馆 C 博物馆

23. A 8：40 B 8：50 C 8：55

24. A 是她爸爸 B 是她哥哥 C 是她男朋友

25. A 牛奶 B 面包 C 咖啡

26. A 加班了 B 出去玩儿了 C 在家里休息了

27. A 结婚 B 找工作 C 考托福

28. A 卖了 B 正在修理 C 借给别人了

29. A 一个 B 两个 C 三个

30. A 买衣服 B 买手机 C 看电影

第 四 部 分

第31－40题

例如： 女： 晚饭做好了，准备吃饭了。

男： 等一会儿，比赛还有三分钟就结束了。

女： 快点儿吧，一起吃，菜冷了就不好吃了。

男： 你先吃，我马上就看完了。

问： 男的在做什么？

A 洗澡　　　　　B 吃饭　　　　　C 看电视　√

31. A 吃饭　　　　　B 开会　　　　　C 找工作

32. A 黑色　　　　　B 白色　　　　　C 红色

33. A 一点　　　　　B 一点十分　　　C 一点半

34. A 早上的　　　　B 白天的　　　　C 晚上的

35. A 开会　　　　　B 坐飞机　　　　C 坐火车

36. A 开车　　　　　B 开门　　　　　C 搬东西

37. A 想减肥　　　　B 没时间　　　　C 懒得吃

38. A 两个　　　　　B 三个　　　　　C 四个

39. A 丢了　　　　　B 坏了　　　　　C 没电了

40. A 裙子　　　　　B 裤子　　　　　C 运动服

二、阅　读

第　一　部　分

第41-45题

A　　是吗？我给你介绍一个女朋友，怎么样？

B　　差不多都准备好了，你再确认一下人数。

C　　你不知道吗？咱们公司的地下新开了家健身房，你可以去那儿运动啊。

D　　马马虎虎吧，如果有机会的话，我想换一个工作。

E　　当然。我们先坐公共汽车，然后换地铁。

F　　真不好意思，今天实在是太抱歉了。

例如：　你知道怎么去那儿吗？　　　　　　　　　　　　　（　　E　　）

41.　我很想运动，可是没有时间。　　　　　　　　　　　　（　　　　）

42.　我很想结婚，不过还没有女朋友。　　　　　　　　　　（　　　　）

43.　你们这里的服务态度也太不好了。　　　　　　　　　　（　　　　）

44.　圣诞晚会准备得怎么样了？　　　　　　　　　　　　　（　　　　）

45.　你对你现在的工作满意吗？　　　　　　　　　　　　　（　　　　）

A 昨天晚上我早早儿就睡了。

B 因为从今天开始所有商品都打八折。

C 买电脑的时候，不能只看颜色和式样，要看功能和牌子。

D 哎，又得爬楼梯，累死我了。

E 请告诉我您的姓名和联系电话。

46. 今天百货商店怎么这么多人啊？　　　　　　　　（　　　）

47. 我觉得这台电脑比那台电脑漂亮多了。　　　　　（　　　）

48. 昨天晚上你去哪儿了？我给你打了三次电话。　　（　　　）

49. 这台复印机坏了，你得去五楼复印。　　　　　　（　　　）

50. 昨天我预订了一套房间，麻烦你帮我查一下。　　（　　　）

第 二 部 分

第51-55题

A 方便 B 补药 C 多 D 声音 E 压力 F 以后

例如： 她说话的（ D ）多好听啊！

51. 工作（   ）太大了，所以我想辞职。

52. 现在我跟我婆婆住在一起，我觉得非常不（   ）。

53. 最近我身体有点儿虚，所以我爱人给我买了一些（   ）。

54. 他回来（   ），让他给我回个电话，好吗?

55. 昨天我喝（   ）了，早上起床以后头疼。

第56-60题

> A 带　　　　B 地点　　　C 忙　　　　D 爱好　　　E 让　　　F 道

例如： A: 你有什么（ D ）？

B: 我喜欢体育。

56. A: 我的自行车（　　　）小王骑走了。

B: 是吗？那我去问问小李。

57. A: 一会儿好像要下雨，我们快回家吧。

B: 没关系，我（　　　）雨伞了。

58. A: 我给你发短信了，你没收到吗？

B: 收到了，可是太（　　　）了，所以没给你回短信。

59. A: 今天的考试题难不难？

B: 比上次考试题容易一点儿，不过我还是错了好几（　　　）题。

60. A: 出发时间和（　　　）都告诉大家了吗？

B: 都告诉了，不过有两个人有事，去不了了。

第 三 部 分

第61-70题

例如： 您是来参加今天会议的吗？您来早了一点儿，现在才八点半。您先进来坐吧。

　　★ 会议最可能几点开始？

　　　　A 8点　　　　　　　　B 8点半　　　　　　　C 9点　√

61. 小时候上数学课的时候，记得数学老师说过这样一句话：边学边问，才有学问，不懂装懂的人，永远都不会进步。

　　★ 根据这句话，可以知道：

　　　　A 只学不问　　　　　B 只问不学　　　　　C 要一边学一边问

62. 小李性格有点儿内向，不爱说话，每天在办公室里只是默默地工作，无论做什么事，他都非常认真。

　　★ 小李工作的时候：

　　　　A 不认真　　　　　　B 非常认真　　　　　C 上网聊天儿

63. 演员在舞台上表演的时间很短，但却是他们最开心的时候。在舞台上他们没有生活上的压力，也没有精神上的压力，可以全身心地投入到表演之中。

　　★ 舞台上的演员：

　　　　A 很投入　　　　　　B 很不开心　　　　　C 压力很大

64. 小王下班以后，一般先去接孩子，到家以后准备晚饭，吃完饭以后洗碗、打扫房间，大概忙到九点，然后看会儿电视，晚上十一点半左右睡觉。

　　★ 小王晚上九点以后做什么？

　　　　A 睡觉　　　　　　　B 做饭　　　　　　　C 看电视

65. 从后门上车的乘客请刷卡，没有交通卡的乘客请买票，下一站东单，要下车的
乘客，请提前做好准备。

    ★ 根据这段话，可以知道：

        A 只可以刷卡   B 不可以刷卡   C 要做好下车的准备

66. 高考结束了，虽然考试结果还没有出来，但我终于可以放松一下了，我打算痛
痛快快地玩儿一个月。

    ★ 这次考试：

        A 不太难   B 不太重要   C 还不知道结果

67. 我爸爸、妈妈都是医生，我也很喜欢医生这个职业，我希望将来能成为一名著
名医生，我父母也非常赞成我的想法。

    ★ 我希望成为：

        A 一名教师   B 一名医生   C 一名运动员

68. 你没带手机啊？那怎么办？我的手机没电了，我估计这附近会有公用电话亭，
我们找找看。

    ★ 我的手机：

        A 得充电   B 不是我的   C 被别人借走了

69. 小王明天去大连出差，他原来想开车去，但是他一个人开车太累，而且路上还塞
车，所以他决定坐火车去。坐火车很舒服，在火车上可以看书，也可以听音乐。

    ★ 小王打算明天：

        A 开车去   B 坐火车去   C 坐飞机去

70. 今天早上出门的时候特别急，忘了带钥匙，我到学校以后给妈妈打了个电话，
妈妈说今天她下班早，叫我不要担心。

    ★ 我的钥匙可能：

        A 在家   B 在妈妈手里   C 在自己手里

三、书 写

第 一 部 分

第71-75题

例如： 小船　　　上　　　一　　　河　　　条　　　有

　　　河上有一条小船。

71.　　喜欢　　　你　　　吃　　　菜　　　什么

72.　　结婚　　　已经　　　他　　　了

73.　　约会　　　今天　　　我　　　个　　　晚上　　　有

74.　　你　　　门口　　　我　　　吧　　　在　　　等　　　书店

75.　　下午　　　这里　　　集合　　　六点　　　在

第 二 部 分

第76-80题

例如：　没（　关　）系，别难过，高兴点儿。

76.　我觉得这件衣服（　　）那件衣服好看。

77.　你觉得减肥的最好（　　）法是什么？

78.　这个（　　）末我想去看电影。

79.　我一般坐公共汽车（　　）班。

80.　你的拿手菜是（　　）么？

新 汉 语 水 平 考 试 题

HSK（三级）模拟试题（４）

注　　意

一、HSK（三级）分三部分：

　　1．听力（40题，约35分钟)

　　2．阅读（30题，25分钟)

　　3．书写（10题，15分钟）

二、答案先写在试卷上，最后10分钟再写在答题卡上。

三、全部考试约90分钟（含考生填写个人信息时间5分钟）。

一、听 力

第 一 部 分

第1－5题

A　　　　　　　　　　　　　　　B

C 　　　　　　　　　　　　　　　D

E 　　　　　　　　　　　　　　　F

例如：　男：　喂，请问张经理在吗？

　　　　女：　他正在开会，您半个小时以后再打，好吗？　　　D

1.

2.

3.

4.

5.

第 6 – 10 题

A

B

C

D

E

6.

7.

8.

9.

10.

第 二 部 分

第11－20题

例如：　为了让自己更健康，他每天都花一个小时去锻炼身体。

　　　　★ 他希望自己很健康。　　　　　　　　　　　　　　　（　√　）

　　　　今天我想早点儿回家。看了看手表，才五点。过了一会儿再看表，还是五点，我这才发现我的手表不走了。

　　　　★ 那块儿手表不是他的。　　　　　　　　　　　　　（　×　）

11．★ 周末我能去参加同学会。　　　　　　　　　　　　（　　　　）

12．★ 我不想去买书。　　　　　　　　　　　　　　　　（　　　　）

13．★ 我打算换工作。　　　　　　　　　　　　　　　　（　　　　）

14．★ 从明天开始百货商店大减价。　　　　　　　　　　（　　　　）

15．★ 他对夏威夷的印象不太好。　　　　　　　　　　　（　　　　）

16．★ 奥运会向世界展示了中国的潜力。　　　　　　　　（　　　　）

17．★ 每个人写的字都不一样。　　　　　　　　　　　　（　　　　）

18．★ 他们要去修车。　　　　　　　　　　　　　　　　（　　　　）

19．★ 小时候他喜欢去游乐园玩儿。　　　　　　　　　　（　　　　）

20．★ 我不想去会餐。　　　　　　　　　　　　　　　　（　　　　）

第 三 部 分

例如： 男： 小王，帮我开一下门，好吗？谢谢！

女： 没问题。您去超市了？买了这么多东西。

问： 男的想让小王做什么？

A 开门　　　√　　　B 拿东西　　　C 去超市买东西

21.　A 生病了　　　B 昨晚睡得晚　　　C 心情不太好

22.　A 商场　　　B 车站　　　C 小吃店

23.　A 一楼的会议室　　　B 二楼的会议室　　　C 三楼的会议室

24.　A 红色　　　B 黄色　　　C 蓝色

25.　A 晴天　　　B 下雨　　　C 下雪

26.　A 人　　　B 地铁　　　C 汽车

27.　A 他买房子了　　　B 他的邻居太吵　　　C 他们公司搬了

28.　A 涨工资了　　　B 生了个儿子　　　C 儿子考上大学了

29.　A 50块　　　B 60块　　　C 70块

30.　A 学习　　　B 工作　　　C 以前住过的地方

第 四 部 分

第31－40题

例如：　女：　晚饭做好了，准备吃饭了。

　　　　男：　等一会儿，比赛还有三分钟就结束了。

　　　　女：　快点儿吧，一起吃，菜冷了就不好吃了。

　　　　男：　你先吃，我马上就看完了。

　　　　问：　男的在做什么？

　　　　　　A　洗澡　　　　　　B　吃饭　　　　　　C　看电视　　√

31.　　A　师生　　　　　　B　同学　　　　　　C　同事

32.　　A　机场　　　　　　B　火车站　　　　　C　汽车站

33.　　A　周三　　　　　　B　周四　　　　　　C　周六

34.　　A　开车　　　　　　B　走着去　　　　　C　坐公交车

35.　　A　女的的生日　　　B　结婚纪念日　　　C　男的的生日

36.　　A　吃饭　　　　　　B　照相　　　　　　C　学习

37.　　A　找孩子　　　　　B　买东西　　　　　C　打电话

38.　　A　女的　　　　　　B　男的　　　　　　C　不清楚

39.　　A　教室里　　　　　B　汽车里　　　　　C　地下室

40.　　A　住院了　　　　　B　受伤了　　　　　C　去旅游了

二、阅 读

第 一 部 分

第41-45题

A　　昨天晚上邻居家的孩子哭了一夜，吵得我一夜都没睡好。

B　　真不好意思，我去加油站加油，耽误了一会儿。

C　　我不太清楚，不过前边有一个小卖亭，你去问一下吧。

D　　是吗？他怎么没告诉我呢？

E　　当然。我们先坐公共汽车，然后换地铁。

F　　这孩子晚上不睡，白天睡。

例如：　你知道怎么去那儿吗？　　　　　　　　　　　（　　E　　）

41.　　你听说了吗？小李要结婚了。　　　　　　　　（　　　　）

42.　　你小点儿声，孩子刚睡着。　　　　　　　　　（　　　　）

43.　　这附近有卖地图的吗？　　　　　　　　　　　（　　　　）

44.　　你怎么现在才来啊？我都等了你半个小时了。　（　　　　）

45.　　今天你的脸色怎么这么不好啊？　　　　　　　（　　　　）

A　　　那怎么办？我现在没有现金。

B　　　我觉得你应该跟他好好儿谈一谈。

C　　　你是说韩国队对日本队的那场比赛吗？

D　　　是吗？太好了，真羡慕你呀！

E　　　可以是可以，不过得等到明天。

46.　　太重了，我拿着不太方便，还是送到我家去吧。　　（　　　）

47.　　告诉你一个好消息，我涨工资了。　　（　　　）

48.　　对不起，我们这里不收信用卡。　　（　　　）

49.　　我们公司的领导好像对我不太满意，他总是挑我的毛病。　　（　　　）

50.　　昨天晚上的足球赛你看了吗？精彩极了。　　（　　　）

第 二 部 分

第51-55题

A 贵　　　　B 件　　　　C 公司　　　　D 声音　　　　E 运动　　　　F 时候

例如： 她说话的（　D　）多好听啊！

51.　最近工作太忙了，没时间看书，也没时间（　　　）。

52.　百货商店里的衣服好是好，不过太（　　　）了。

53.　今天是我妈妈的生日，我想给我妈妈买一（　　　）毛衣。

54.　我家离（　　　）很远，所以上下班非常不方便。

55.　回去的（　　　）我不打算坐飞机，我打算坐火车。

第56-60题

       A 联系   B 被   C 外边   D 爱好   E 睡   F 空儿

例如： A: 你有什么（ D ）？

        B: 我喜欢体育。

56. A: 我想请你吃饭，不知道你有没有（   ）？

      B: 什么时候？除了今晚以外都可以。

57. A: 周末你一般做什么？

      B: 我一般在家里休息，有时候去（   ）玩儿。

58. A: 你听说了吗？他（   ）炒鱿鱼了。

      B: 是吗？你的消息可真灵通啊！

59. A: 都九点了，快起床吧。

      B: 今天是双休日，我想多（   ）一会儿。

60. A: 金科长去中国出差了，现在没办法跟他（   ）。

      B: 昨天我跟他通电话的时候，他没说他要出差啊。

第 三 部 分

第61-70题

例如：　您是来参加今天会议的吗？您来早了一点儿，现在才八点半。您先进来坐
吧。

　　★ 会议最可能几点开始？

　　A 8点　　　　　　　　　B 8点半　　　　　　　　C 9点　√

61.　我和王春光是好朋友，他的爱好很多，他喜欢运动，还喜欢钓鱼和养花。可是我
对钓鱼和养花都不感兴趣，不过我很喜欢运动，所以我们常常一起去运动。

　　★ 我不喜欢：

　　A 钓鱼和运动　　　　　B 养花和运动　　　　　C 钓鱼和养花

62.　我们公司八点上班，午休时间是从十二点到一点，午饭有时在公司的食堂吃，
有时去外边的饭店吃，晚上五点下班。

　　★ 我们公司下班时间是：

　　A 1点　　　　　　　　　B 5点　　　　　　　　　C 8点

63.　刘景兰家在吴中路，她们公司在浦东，她家离他们公司很远。她家附近没有地
铁站，也没有公共汽车站，上下班非常不方便，所以她打算下个月搬家。

　　★ 刘景兰家：

　　A 离公司很远　　　　　B 附近有地铁站　　　　C 附近有火车站

64.　大家注意了，这里是游乐园的正门，从现在开始大家可以自由活动，三点半在
海洋馆有表演，六点我们这里集合。

　　★ 他们六点做什么？

　　A 集合　　　　　　　　　B 看表演　　　　　　　C 自由活动

65. 考试的时候大家一定要看清题目，千万不要马虎，做完以后还要仔细检查一遍，不要着急交卷。

　　★ 根据这段话，可以知道：

　　　A 考试题很难　　　　　B 考试时要细心　　　　C 要快点儿做题

66. 这次的抽奖活动结束了，虽然有的人没有抽到奖品，但我们还会继续举办活动，请大家密切关注有关信息。

　　★ 这次活动：

　　　A 还没结束　　　　　　B 大家都有奖品　　　　C 有些人没得到奖品

67. 我对唐诗很感兴趣，希望有机会可以多看一些唐诗，体会诗中美好的意境。

　　★ 我希望：

　　　A 写唐诗　　　　　　　B 学习英语　　　　　　C 多看唐诗

68. 您要去商场吗？请您一直往前走，在第一个十字路口往右拐，然后再一直往前走，大概走五分钟，你就能看到一个白色的高楼。

　　★ 那个商场：

　　　A 是白色的　　　　　　B 在银行旁边　　　　　C 离这儿很远

69. 最近工作特别忙，所以好久没来步行街逛了，这里跟以前比干净了很多，但还是和以前一样繁华。

　　★ 步行街以前：

　　　A 很冷清　　　　　　　B 很繁华　　　　　　　C 很漂亮

70. 我去朋友家玩儿，出来的时候忘了拿包，但还好没走出多远，所以很快就把包取回来了。

　　★ 我的包：

　　　A 丢了　　　　　　　　B 在我家　　　　　　　C 落在朋友家了

三、书 写

第 一 部 分

第71-75题

例如：小船　　上　　一　　河　　条　　有

河上有一条小船。

71.　喜欢　　数学　　我　　学　　比较

72.　有　　附近　　地铁站　　没　　这

73.　是　　本　　你　　的　　哪　　书

74.　给　　这　　买　　衣服　　是　　我　　我男朋友　　件　　的

75.　忙　　最近　　不　　我　　太

第 二 部 分

第76-80题

例如： 没（　guān　关　）系，别难过，高兴点儿。

76. 我喜欢一个人去（　lǚ　）游。

77. 这件（　yī　）服不大也不小，正好。

78. 我家（　fù　）近有很多公共汽车站。

79. 每天晚上你大概几（　diǎn　）睡觉？

80. 你家的（　diàn　）视是什么牌子的？

HSK 3급 듣기 대본 & 정답
1회

第一套模拟试题答案

一、听力

第一部分

1. A	2. E	3. C	4. B	5. F
6. B	7. D	8. A	9. C	10. E

第二部分

11. √	12. ×	13. √	14. ×	15. √
16. √	17. ×	18. ×	19. √	20. √

第三部分

21. B	22. A	23. C	24. C	25. B
26. C	27. A	28. C	29. B	30. A

第四部分

31. A	32. B	33. B	34. C	35. B
36. A	37. C	38. A	39. B	40. C

二、阅读

第一部分

41. F	42. C	43. D	44. A	45. B
46. E	47. B	48. C	49. D	50. A

第二部分

51. C	52. B	53. E	54. A	55. F
56. C	57. A	58. B	59. F	60. E

第三部分

61. B	62. A	63. B	64. A	65. B
66. C	67. C	68. A	69. B	70. B

第一部分

71．　我更喜欢吃苹果。

72．　明天我们不用到学校。／我们明天不用到学校。

73．　你要找哪位李先生？

74．　这本书是在中国买的。

75．　8月20日在学校的大礼堂举行毕业典礼。

第二部分

76．　天

77．　以

78．　汉

79．　打

80．　个

第一套模拟试题听力材料

第 一 部 分

一共 10 个题，每题听两次。

例如： 男： 喂，请问张经理在吗？

      女： 他正在开会，您半个小时以后再打，好吗？

现在开始第 1 到 5 题：

1．女： 我刚才还听到有人在喊救命，现在怎么听不到了呢？
    男： 声音好像是从前面传过来的，我们快过去看看吧。

2．男： 你的篮球打得这么好，是怎么练出来的？
    女： 上大学的时候，我的专业是篮球。

3．女： 你经常去健身房健身吗？
    男： 是的，运动不仅有益于健康，而且还可以减肥。

4．男： 银行离学校这么远，你走过来的？怎么不坐车啊？
    女： 因为没有直达学校的车。

5．女： 咳嗽得这么厉害，去看医生了吗？
    男： 没有，你帮我买点儿感冒药吧。

现在开始第 6 到 10 题：

6．男： 我大概有五年没来北京了，北京的变化实在是太大了。
    女： 是啊！到处都是高楼大厦，还建了很多高架和地铁。

7．女：　　不要一边开车一边打电话，好不好？
　　男：　　我会注意的。

8．男：　　明天我要去参加婚礼，穿这件衣服怎么样？
　　女：　　这件衣服不太适合你，还是穿新买的那件吧。

9．女：　　多吃点儿，你饿坏了吧？
　　男：　　可不是吗，我一天没吃东西了。

10．男：　　妈妈，饭做好了吗？我饿了。
　　女：　　马上就好，再等五分钟。

一共 10 个题，每题听两次。

例如：　为了让自己更健康，他每天都花一个小时去锻炼身体。
　　　　★　他希望自己很健康。

　　　　今天我想早点儿回家。看了看手表，才五点。过了一会儿再看表，还是五点，我
　　　　这才发现我的手表不走了。
　　　　★　那块儿手表不是他的。

现在开始第 11 题:

11．今天中午我跟我们公司的同事一起去饭店吃饭，可是我忘了带钱包，没办法只好跟
　　　同事借了点儿钱。
　　　★　他没带钱包。

12．我参加工作三年了，刚开始的时候不太适应，现在好多了。
　　　★　他还是不太适应学校的生活。

13．我生病住院了，妈妈要来医院照顾我，我觉得没必要，所以就没让她来。
　　　★　妈妈想来医院照顾我。

14．昨天一直下雨，所以我哪儿也没去，在家里呆了一整天，闷死了。
　　　★　他喜欢下雨天。

15．自从我上了英语补习班，我的英语水平提高得非常快，过去我的英语成绩在班里根
　　　本数不上，现在我的英语成绩在班里数一数二。
　　　★　现在他的英语水平很高。

16．网络的出现，拉近了我们彼此之间的距离，互相联系更方便、更自由了，而且还可
　　　以互相分享彼此的信息。
　　　★　网络拉近了人与人之间的距离。

17. 同样的一道菜，但是不同的人会做出不同的味道，有的人喜欢多放些辣椒，有的人喜欢多放一些醋，还有的人喜欢多放一点儿糖。

    ★ 每个人做出的菜味道都一样。

18. 天气预报说，明天是阴天，有五到六级大风，可能会降温，所以明天出门的时候要多穿点儿衣服。

    ★ 明天很暖和。

19. 从小我吃惯了妈妈做的菜，现在虽然结婚了，不跟妈妈住在一起，但我的口味还是跟以前一样。

    ★ 他很喜欢吃妈妈做的菜。

20. 我最近要准备考试，所以不能陪你出去玩了，等我考完试，我们一起去香山玩儿，好吗？

    ★ 他要准备考试。

一共 10 个题，每题听两次。

例如：　男：　小王，帮我开一下门，好吗？谢谢！
　　　　女：　没问题。您去超市了？买了这么多东西。
　　　　问：　男的想让小王做什么？

现在开始第 21 题:

21.　　女：　你有创可贴吗？我的手流血了。
　　　　男：　有啊，你等着，我给你拿。
　　　　问：　女的想要什么？

22.　　男：　你再等我一会儿，这里堵车，过10分钟我就能到。
　　　　女：　没关系，你慢慢来吧。
　　　　问：　男的为什么晚了？

23.　　女：　今天几号？星期几？
　　　　男：　今天是12号，不对不对，是13号，星期五，明天我可以休息了。
　　　　问：　明天几号？

24.　　男：　都七点了？我得赶紧走，没时间吃饭了，要不然上班会迟到的。
　　　　女：　慢点儿开，路上要小心。
　　　　问：　男的怎么了？

25.　　女：　我可以用一下你的电脑吗？
　　　　男：　这不是我的，我的在三楼的大教室。
　　　　问：　男的的电脑在哪里？

26.　　男：　您要两份儿三明治，对吧？来点儿什么饮料？可乐还是雪碧？
　　　　女：　一样要一个。
　　　　问：　女的要喝什么？

27.　　女：　请问，有什么可以帮忙的吗？
　　　　男：　我想给我女儿买条裙子，给我爱人买条裤子。
　　　　问：　女的最可能是做什么的？

28.　　男：　听说你辞职了。
　　　　女：　是的，以前的公司工资低，而且压力也大，现在我找到了一份儿更好的工作。
　　　　问：　女的为什么辞职了？

29.　　女：　请问，苹果怎么卖？
　　　　男：　大的十块钱一斤，小的八块钱一斤。
　　　　问：　对话最可能发生在什么地方？

30.　　男：　对不起，打扰一下，你知道故宫怎么走吗？
　　　　女：　不好意思，我不是本地人，不太清楚，你去问别人吧。
　　　　问：　男的在做什么？

<h1 style="text-align:center">第 四 部 分</h1>

一共 10 个题，每题听两次。

例如：　女：　晚饭做好了，准备吃饭了。
　　　　男：　等一会儿，比赛还有三分钟就结束了。
　　　　女：　快点儿吧，一起吃，菜冷了就不好吃了。
　　　　男：　你先吃，我马上就看完了。
　　　　问：　男的在做什么？

现在开始第 31 题：

31.　男：　到机场多少钱？
　　　女：　60块。
　　　男：　十二点半的飞机，还有两个小时，能赶上吗？
　　　女：　没问题。
　　　问：　男的要去哪里？

32.　女：　我想再找一份儿工作。
　　　男：　你想打两份儿工啊？那会很累的。
　　　女：　我知道，但是没办法，因为我现在需要钱。
　　　男：　你要注意身体啊。
　　　问：　女的想要做什么？

33.　男：　下班以后你一般做什么？
　　　女：　有时候去游泳，有时候去逛街。
　　　男：　那今晚我们去王府井逛逛，怎么样？
　　　女：　好啊，顺便在那里吃点儿东西吧，我想吃那里的小吃。
　　　问：　今晚他们要去哪里？

34.　女：　你的生日是几月几号？
　　　男：　5月4号，那天正好是星期六。
　　　女：　是吗？太好了，那咱们找几个好朋友，出去庆祝一下怎么样？
　　　男：　可以呀，最近学习压力太大了，正想找个机会放松一下呢。
　　　女：　好吧，那我负责联系朋友，你负责找地方。
　　　问：　男的负责什么？

35.　男：　明天你要早点儿到公司，准备早上开会的资料。
　　　女：　知道了，经理，我会早到的。
　　　男：　准备好咖啡和茶，噢，对了，再准备点儿水果。
　　　女：　我会弄好的，经理，您放心吧。
　　　问：　他们是什么关系？

36.　女：　你看到我的手机了吗？
　　　男：　没有啊，刚才你不是还打过电话吗？
　　　女：　是啊，我记得放在桌子上了，怎么不见了呢？
　　　男：　那你看看桌子底下有没有，要不用我的手机打个电话试试。
　　　问：　女的在找什么？

37.　男：　小丽，听说你打上网球了。
　　　女：　是啊，不过没人教我，所以进步很慢。哎，你会不会打网球啊？
　　　男：　会啊，要不要我教你啊？
　　　女：　当然要啦，这个星期天我们一起去打网球吧，打完球以后我请你吃饭。
　　　问：　女的为什么要请男的吃饭？

38.　女：　你知道小李家在哪儿吗？
　　　男：　不知道，我一次也没去过。
　　　女：　那这样吧，明天下午我去你家接你，我们一起去吧。
　　　男：　好的，那我在家等你。
　　　问：　他们明天想做什么？

39.　男：　这两天我没有食欲，浑身没劲儿。
　　　女：　是不是工作太累了？
　　　男：　不是，可能是感冒了吧。
　　　女：　你最好是去医院看看吧，最近得流感的人特别多，要小心啊。
　　　问：　男的怎么了？

40.　女：　昨天的聚会，你去了吗？
　　　男：　去了，可是很没意思，你怎么没去啊？
　　　女：　本来我打算去来着，可是因为临时有事，所以没去成。
　　　男：　来了很多人，乱糟糟的。
　　　问：　昨天的聚会怎么样？

HSK 3급 듣기대본 & 정답
2회

第二套模拟试题答案

一、听力

第一部分

1.	B	2.	A	3.	F	4.	C	5.	E
6.	D	7.	A	8.	E	9.	B	10.	C

第二部分

11.	×	12.	√	13.	×	14.	√	15.	×
16.	×	17.	√	18.	×	19.	√	20.	√

第三部分

21.	A	22.	B	23.	C	24.	B	25.	A
26.	A	27.	B	28.	C	29.	B	30.	C

第四部分

31.	A	32.	B	33.	A	34.	B	35.	A
36.	C	37.	C	38.	B	39.	A	40.	B

二、阅读

第一部分

41.	C	42.	D	43.	F	44.	A	45.	B
46.	E	47.	C	48.	D	49.	A	50.	B

第二部分

51.	E	52.	A	53.	F	54.	C	55.	B
56.	B	57.	E	58.	A	59.	C	60.	F

第三部分

61.	B	62.	A	63.	A	64.	B	65.	C
66.	B	67.	B	68.	A	69.	C	70.	B

三、书写

71. 我很想学开车。

72. 我爸爸在贸易公司工作。

73. 你在找什么东西?

74. 我是跟我朋友一起来的。

75. 我们一起去吃饭吧。

76. 起
77. 中
78. 现
79. 家
80. 女

第二套模拟试题听力材料

第 一 部 分

一共 10 个题，每题听两次。

例如： 男： 喂，请问张经理在吗？

　　　 女： 他正在开会，您半个小时以后再打，好吗？

现在开始第 1 到 5 题：

1．女： 这幅画儿是你画的？真漂亮！你是什么时候学的？
　　男： 我从小就开始学画画儿了。

2．男： 我记得把钥匙放在这里了，怎么找不到了？
　　女： 你再好好儿想想，是不是放在别的地方了？

3．女： 你每天都看新闻吗？
　　男： 是啊！信息时代，要多了解一下国内外的大事。

4．男： 天啊！这孩子烧得这么厉害，怎么才来医院啊？
　　女： 他不哭也不闹，所以一直没注意到。

5．女： 你的手怎么出血了？我看看，严重吗？
　　男： 不太严重，刚才不小心被刀割了一下。

现在开始第 6 到 10 题：

6．男： 你整天呆在家里不闷吗？出去跟朋友玩儿玩儿吧。
　　女： 我不想出去，外面太热了，家里又有空调，又有吃的，多好啊！

7．女： 音乐声太吵了，小点儿声好不好？
　　男： 哦，不好意思，我这就关掉。

8．男： 外边正下着小雨，你带上雨伞吧。
　　女： 不用了，我开车用不着带伞，怪麻烦的。

9．女： 你能不能认真点儿？现在是在上课。
　　男： 哦，知道了。

10．男： 还往前开吗？
　　女： 再往前开一点儿。

第 二 部 分

一共 10 个题，每题听两次。

例如： 为了让自己更健康，他每天都花一个小时去锻炼身体。
　　　★　他希望自己很健康。

　　　今天我想早点儿回家。看了看手表，才五点。过了一会儿再看表，还是五点，我
　　　这才发现我的手表不走了。
　　　★　那块儿手表不是他的。

现在开始第 11 题:

11.　我赶到公共汽车站的时候，汽车刚走，所以只好等下一辆了。
　　　★　他在地铁站等地铁。

12.　在国外生活了十多年之后，我突然想回中国生活了，可我又怕自己适应不了。
　　　★　他在国外生活了很多年。

13.　明天我准备去广州出差，这次是去参加一个会议，估计得呆2～3天，你帮我收拾一
　　　下行李，那里比这里暖和，带两件薄衣服就可以了。
　　　★　明天他去广州参观工厂。

14.　今天天气非常热，虽然穿上了短袖和短裤，但身上还是出了很多汗，很不舒服。
　　　★　他不喜欢热天。

15.　自从有了自己的孩子之后，我才真正体会到了父母的爱。现在我也要像我父母那样
　　　关心、体贴和照顾好我的孩子，让他更加健康和幸福。
　　　★　现在我还是不太理解我父母。

16.　汽车为人们提供了很多方便，首先是节省了很多时间，我们再也不会发愁去遥远的
　　　地方了。另外，我们还可以用汽车运送货物，从而节省了很多人力，并大大提高了
　　　工作效率。
　　　★　汽车的用处不太多。

17. 小孩子很喜欢吃快餐，有的孩子喜欢吃麦当劳，有的孩子喜欢吃肯德基，有的孩子喜欢吃方便面。不过，对这些我都不太感兴趣。

★ 他不喜欢吃汉堡。

18. 经理对我说："明天早上八点要开会，你早点来，帮我准备一下有关会议的资料。"

★ 明天下午要开会。

19. 我每天都坚持锻炼，从上大学的时候到现在，已经坚持了十多年，所以身体非常健康。

★ 他一直坚持锻炼。

20. 第一次吃这个冰激凌的时候，我觉得特别好吃，所以几乎天天都买着吃，但是连续吃了一个月，我有点儿吃腻了。

★ 我不爱吃这个冰激凌了。

<h1 align="center">第 三 部 分</h1>

一共 10 个题，每题听两次。

例如：　男：　小王，帮我开一下门，好吗？谢谢！
　　　　女：　没问题。您去超市了？买了这么多东西。
　　　　问：　男的想让小王做什么？

现在开始第 21 题：

21.　女：　怎么了？今天你的脸色怎么这么不好啊？
　　　男：　我好像是感冒了，头疼、发烧，而且还咳嗽。
　　　问：　男的怎么了？

22.　男：　您好！这是您的快递，请您在这里签一下名。
　　　女：　好的，谢谢您啦。
　　　问：　男的是干什么的？

23.　女：　你不是说很近嘛，怎么还没到啊？还有多远？
　　　男：　前面就是了，大概还有一公里左右，再走10分钟就到了。
　　　问：　他们现在在做什么？

24.　男：　那个个子很高的人是谁？我怎么没见过他啊？
　　　女：　是我们学校新来的体育老师，听说他以前是篮球运动员，篮球打得特别好。
　　　问：　个子高的人是谁？

25.　女：　都等了半个小时了，他怎么还不来啊？
　　　男：　可能是堵车吧，再等等看。
　　　问：　他们等了多久了？

26.　男：　我们晚上去吃什么？中餐还是西餐？
　　　女：　吃西餐吧，每天吃中餐，我都有点儿吃腻了。
　　　问：　他们晚上打算吃什么？

27.　女：　我想买一双白色的鞋子，你能不能帮我挑一下？
　　　男：　当然可以，请您在这里等一下，我去给您拿鞋。
　　　问：　男的要做什么？

28.　男：　听说你妈妈住院了，是什么病啊？严不严重？
　　　女：　嘿嘿，我妈说过两天我家就会多一口人。但愿是个小妹妹，我不想要弟
　　　　　　弟，我想要个妹妹。
　　　问：　她妈妈怎么了？

29.　女：　今天晚上我给你做你喜欢吃的糖醋肉，你几点能下班？
　　　男：　真不好意思，今晚我得加班。
　　　问：　今天晚上女的本来打算做什么？

30.　男：　你这是去哪儿啊？打扮得这么漂亮。
　　　女：　我去参加朋友的婚礼。哎，对了，我自己去没意思，要不你陪我去吧。
　　　问：　他们在说什么？

一共 10 个题，每题听两次。

例如：　女：　晚饭做好了，准备吃饭了。
　　　　男：　等一会儿，比赛还有三分钟就结束了。
　　　　女：　快点儿吧，一起吃，菜冷了就不好吃了。
　　　　男：　你先吃，我马上就看完了。
　　　　问：　男的在做什么？

现在开始第 31 题：

31.　男：　我想问一下，去故宫怎么走？
　　　女：　您一直往前走，过中国银行以后往左拐就到了。
　　　男：　大概要走多长时间？
　　　女：　十五分钟左右吧。
　　　问：　男的要去哪里？

32.　女：　您穿多大号的鞋？
　　　男：　43号。
　　　女：　您要什么颜色的？
　　　男：　灰色或者黑色的。
　　　女：　您先试试这双黑色的，等会儿我再给您拿灰色的。
　　　问：　男的穿多大号的鞋？

33.　男：　你每天几点出家门？
　　　女：　七点左右，有时候会更早一些。
　　　男：　为什么这么早出门啊？
　　　女：　因为我的车坏了，得坐公交车去上班。
　　　问：　女的一般几点出家门？

34.　女：　这个周末，你想去哪里玩儿？
　　　男：　终于考完试了，可以放松一下了，所以我想去爬山。
　　　女：　现在正好是秋天，山上的风景非常美，特别是红叶。
　　　男：　那这个周六我们一起去爬山吧。
　　　问：　他们周末要去做什么？

35.　男：　明天我要去机场，你能送我吗?
　　　女：　可以，正好我没有事，几点的飞机?
　　　男：　上午十点钟。
　　　女：　那我们八点出发吧，我怕路上堵车。
　　　问：　男的明天去哪里?

36.　女：　您好，欢迎光临! 请问，您要什么?
　　　男：　我要一个面包，再要一杯咖啡。
　　　女：　现金还是刷卡?
　　　男：　现金。
　　　问：　男的想买什么?

37.　男：　汽车快没油了，你知道这附近哪里有加油站吗?
　　　女：　一直往前走，然后在第二个十字路口往右拐有个加油站。
　　　男：　那我们先去加油吧，你给我指路。
　　　女：　行，你开慢一点儿。
　　　问：　男的在找什么?

38.　女：　那个白头发的老奶奶是你奶奶吗?
　　　男：　不是，她是我家的邻居，都90多岁了。
　　　女：　不过，看上去还很健康啊。
　　　男：　是啊! 她每天早上都去运动。
　　　问：　那个90岁的人是谁?

39.　男：　哎，我这次没考好，怎么办啊? 我妈又得说我了。
　　　女：　别太伤心了，回去以后好好儿学习，下次一定会考好的。
　　　男：　都怪我自己考试之前没好好儿复习。
　　　女：　都考完了，后悔也没有用，别去想它了。
　　　问：　男的为什么不开心?

40.　女：　昨天商场打折，我逛了好几个小时，买了很多衣服。
　　　男：　我也去了，但是怎么没看到你呢?
　　　女：　我是上午去的，你呢?
　　　男：　我也是，可能是人太多了吧。
　　　问：　女的为什么买了那么多衣服?

HSK 3급 듣기대본 & 정답
3회

第三套模拟试题答案

一、听力

第一部分

1. A	2. B	3. F	4. C	5. E
6. D	7. B	8. C	9. A	10. E

第二部分

11. V	12. V	13. ×	14. ×	15. ×
16. V	17. ×	18. V	19. V	20. ×

第三部分

21. C	22. C	23. B	24. B	25. A
26. B	27. C	28. B	29. B	30. A

第四部分

31. C	32. B	33. A	34. B	35. C
36. C	37. A	38. B	39. C	40. A

二、阅读

第一部分

41. C	42. A	43. F	44. B	45. D
46. B	47. C	48. A	49. D	50. E

第二部分

51. E	52. A	53. B	54. F	55. C
56. E	57. A	58. C	59. F	60. B

第三部分

61. C	62. B	63. A	64. C	65. C
66. C	67. B	68. A	69. B	70. A

第一部分

71. 你喜欢吃什么菜？

72. 他已经结婚了。

73. 今天晚上我有个约会。/ 我今天晚上有个约会。

74. 你在书店门口等我吧。/ 我在书店门口等你吧。

75. 下午六点在这里集合。

第二部分

76. 比

77. 方

78. 周

79. 上

80. 什

第三套模拟试题听力材料

第 一 部 分

一共 10 个题，每题听两次。

例如：　男：　喂，请问张经理在吗？

　　　　女：　他正在开会，您半个小时以后再打，好吗？

现在开始第 1 到 5 题：

1．女：　你在这儿干什么呢？ 我找了你半天。

　　男：　我想买一本小说。

2．男：　你英语说得真好! 在哪儿学的?

　　女：　我从上小学的时候就开始学英语了，两年前我还去英国留过学。

3．女：　今天你怎么没骑自行车啊?

　　男：　我的自行车坏了，没办法只好坐地铁。

4．男：　我很喜欢运动，你呢? 喜欢什么运动?

　　女：　我不太喜欢运动，不过我喜欢唱歌和跳舞。

5．女：　今天你怎么又迟到了?

　　男：　对不起，老师，今天我起晚了，明天我一定早点儿来。

现在开始第 6 到 10 题：

6．男：　你几点下班? 我去接你。

　　女：　太好了，我们六点下班，你在我们公司的门口等我吧。

7．女： 小强，别坐在沙发上吃饭，过来跟爸爸、妈妈一起吃，好吗？
　　男： 不，我要看电视。

8．男： 明天是我女朋友的生日，我想送她一个手提包，你觉得怎么样？
　　女： 可以呀，不过如果再送上一束鲜花的话，她会更高兴的。

9．女： 桂林路新开了一家大商场，我们一起去逛逛吧。
　　男： 好啊，我正好想买条裤子。

10．男： 还难受吗？
　　女： 嗯，还有点儿难受，不过不像刚才那么疼了。

一共 10 个题，每题听两次。

例如：　为了让自己更健康，他每天都花一个小时去锻炼身体。
　　　　★　他希望自己很健康。

　　　　今天我想早点儿回家。看了看手表，才五点。过了一会儿再看表，还是五点，我
这才发现我的手表不走了。
　　　　★　那块儿手表不是他的。

现在开始第 11 题:

11.　天气预报说今天有雨，可是出门的时候我忘了带雨伞，还好下班的时候没下雨。
　　　★　他没带雨伞。

12.　刚学钢琴的时候，觉得特别难，没有意思，可是现在我越来越喜欢弹钢琴了。
　　　★　我以前不喜欢弹钢琴。

13.　真不好意思，今天下午我不能去买书了。因为我妈让我去幼儿园接我弟弟，要不我
　　　们明天去买书怎么样？
　　　★　他打算今天下午去买书。

14.　你家可真大，客厅也大，厨房也大，还有一个这么大的花园，真漂亮！
　　　★　他家很小。

15.　我的腿受伤了，两个月前做了手术，不过效果特别好，以前走路的时候有点儿疼，
　　　现在一点儿也不疼了。大夫让我多运动，所以我每天都坚持跑步。
　　　★　他的腿还是有点儿疼。

16.　现在有很多中学生很喜欢玩儿网络游戏，他们一回到家就开始玩儿游戏，有的人甚
　　　至上课和睡觉的时候都想着玩儿游戏，影响学习和生活，因此要限制青少年玩儿游
　　　戏，特别是老师和家长要时常监督他们。
　　　★　要限制青少年玩儿网络游戏。

17. 我们学校在山区，所以老师不太多，不过每位老师都有自己的特点。有的老师很幽默，有的老师很活泼，有的老师很严肃。

　　★ 他们学校的老师都很年轻。

18. 早上吃饭的时候，妈妈对我说："今天晚上我得加班，你和弟弟去吃汉堡吧。"

　　★ 妈妈今天晚上要加班。

19. 小时候我很喜欢听童话故事，所以妈妈经常给我讲故事，有的故事我都能背下来，比如说，灰姑娘、白雪公主等等。

　　★ 我喜欢听故事。

20. 最近因为看世界杯足球赛，每天凌晨三四点才睡觉，所以白天非常困，喝咖啡也不管用。

　　★ 他不喜欢看足球赛。

第 三 部 分

一共 10 个题，每题听两次。

例如： 男： 小王，帮我开一下门，好吗？谢谢！
　　　 女： 没问题。您去超市了？买了这么多东西。
　　　 问： 男的想让小王做什么？

现在开始第 21 题:

21. 　女： 你在找什么？
　　　 男： 我的车钥匙找不到了，你快帮我找找，好不好？
　　　 问： 男的在找什么？

22. 　男： 你要去哪儿？
　　　 女： 我去博物馆西门，请你一直向前开，在前面的路口往右拐。
　　　 问： 女的要去哪儿？

23. 　女： 对不起，我没戴表，现在几点了？
　　　 男： 我看一下，现在差十分九点。
　　　 问： 现在几点？

24. 　男： 昨天跟你一起逛商店的那个男的是谁？
　　　 女： 那是我哥，他刚从美国回来。
　　　 问： 昨天跟女的一起逛商店的那个男的是谁？

25. 　女： 这是您的早餐，让您久等了。
　　　 男： 没关系，麻烦你再帮我拿一杯牛奶，好吗？
　　　 问： 男的又要了什么？

26. 　男： 昨天玩儿得怎么样？开心吗？
　　　 女： 非常开心，吃完饭以后，我们又一起去唱歌了。
　　　 问： 昨天女的做什么了？

27.　女：　听说你要去美国留学，什么时候去啊？
　　　男：　现在还不太清楚，最近我在准备托福考试呢。
　　　问：　男的最近在忙什么？

28.　男：　你买新车了？真漂亮！什么牌子的？
　　　女：　这不是我的车，是我哥哥的车，我的车出了点儿毛病，正在修理。
　　　问：　女的的车怎么了？

29.　女：　一瓶可乐，两个冰激凌和两个汉堡，对吧？一共是41块3。
　　　男：　给您钱。
　　　问：　男的买了几个汉堡？

30.　男：　这个周末你有没有时间？我想请你看电影。
　　　女：　真不巧，这个周末我跟朋友约好了一起去买衣服。
　　　问：　这个周末女的打算做什么？

第 四 部 分

一共 10 个题，每题听两次。

例如：　女：　晚饭做好了，准备吃饭了。
　　　　男：　等一会儿，比赛还有三分钟就结束了。
　　　　女：　快点儿吧，一起吃，菜冷了就不好吃了。
　　　　男：　你先吃，我马上就看完了。
　　　　问：　男的在做什么？

现在开始第 31 题：

31.　男：　对不起，打扰一下，你们这里招人吗？
　　　女：　您是来应聘的吗？等一下，我去叫经理。
　　　男：　麻烦您了。
　　　女：　不客气，您在这里等一下。
　　　问：　男的在做什么？

32.　女：　我想买件白色的衬衫。
　　　男：　您看这个怎么样？
　　　女：　这件有点儿小，给我拿大一点儿的好吗？
　　　男：　这个可以吗？您可以去试衣间试试。
　　　女：　谢谢，我去试一下。
　　　问：　女的想买什么颜色的衬衫？

33.　男：　你一般几点睡觉？
　　　女：　平时十一点左右睡，周末睡得晚一些，大概一点睡。
　　　男：　那周六晚上我们一起去吃比萨饼怎么样？
　　　女：　太好了，我也正想吃比萨饼呢。
　　　问：　女的周末几点睡觉？

34.　女：　飞机票预订好了吗？
　　　男：　已经预订好了，我买的是往返票，后天晚上九点的飞机。
　　　女：　太晚了吧，没有白天的吗？
　　　男：　不太清楚，那我再打电话问一下吧。
　　　问：　女的想坐什么时候的飞机？

35.　男：　明天我要早起，你能叫我吗？
　　　女：　可以呀，几点叫您？
　　　男：　六点钟吧，我要赶八点的火车。
　　　女：　您就放心睡吧，明早六点我准时叫您。
　　　问：　男的为什么要早起？

36.　女：　能不能帮我搬一下箱子？
　　　男：　没问题，搬到哪儿？
　　　女：　搬到我的办公室去吧，搬的时候要小心，因为里面都是玻璃杯。
　　　男：　我会小心的，放心吧。
　　　问：　女的想让男的做什么？

37.　男：　你吃早饭了吗？
　　　女：　没有，我一般不吃早饭，你呢？吃了没有？
　　　男：　我也没吃，不过我只是今天早上没吃，我一般都是吃早饭的。
　　　女：　不吃早饭我都这么胖，如果吃早饭的话，会更胖的。
　　　问：　女的为什么不吃早饭？

38.　女：　你姐姐多大了？
　　　男：　比我大两岁。
　　　女：　真羡慕你啊！我一直都希望能有个姐姐照顾我。
　　　男：　是啊！我有一个弟弟和一个姐姐，弟弟总是给我带来很多麻烦，可姐姐却
　　　　　　时常帮助我。
　　　问：　男的一共有几个兄弟姐妹？

39.　男：　刚才给你打电话，怎么打不通啊？
　　　女：　我的手机没电了。
　　　男：　是吗？我是想告诉你明天下午要开会的事儿。
　　　女：　我已经知道了，经理刚才告诉我了。
　　　问：　女的的手机怎么了？

40.　女：　你快帮我看看，我穿这件衣服怎么样？
　　　男：　很好，很适合你。
　　　女：　裙子呢？穿哪条好？这条还是那条？
　　　男：　今年你过生日的时候，我给你买的那条裙子挺好看的，就穿那条吧。
　　　问：　女的打算穿什么？

HSK 3급 듣기 대본 & 정답
4회

第四套模拟试题答案

一、听力

第一部分

1．A	2．B	3．C	4．E	5．F
6．B	7．A	8．D	9．C	10．E

第二部分

11．×	12．×	13．√	14．×	15．×
16．√	17．×	18．×	19．√	20．√

第三部分

21．B	22．C	23．B	24．A	25．B
26．C	27．C	28．C	29．A	30．C

第四部分

31．A	32．B	33．A	34．C	35．A
36．B	37．A	38．B	39．C	40．A

二、阅读

第一部分

41．D	42．F	43．C	44．B	45．A
46．E	47．D	48．A	49．B	50．C

第二部分

51．E	52．A	53．B	54．C	55．F
56．F	57．C	58．B	59．E	60．A

第三部分

61．C	62．B	63．A	64．A	65．B
66．C	67．C	68．A	69．B	70．C

三、书写

第一部分

71. 我比较喜欢学数学。

72. 这附近没有地铁站。

73. 哪本书是你的?

74. 这件衣服是我男朋友给我买的。

75. 最近我不太忙。 ／ 我最近不太忙。

第二部分

76. 旅
77. 衣
78. 附
79. 点
80. 电

第四套模拟试题听力材料

第 一 部 分

一共 10 个题，每题听两次。

例如：　男：　喂，请问张经理在吗？

　　　　女：　他正在开会，您半个小时以后再打，好吗？

现在开始第 1 到 5 题:

1．女：　这附近有没有公共汽车站？

　　男：　有是有，不过有点儿远，走路大概要二十分钟。

2．男：　那明天我们几点在哪儿见面？

　　女：　下午两点在第一百货商店的正门见面吧。

3．女：　这些东西都是你自己搬过来的？怎么不找个人帮帮你啊？

　　男：　因为其他人都在忙。

4．男：　你的胳膊怎么肿了？

　　女：　昨天骑自行车的时候，不小心摔倒了。

5．女：　你怎么那么爱吃方便面啊？

　　男：　不是爱吃，是懒得做饭。

现在开始第 6 到 10 题:

6．男：　外面空气真好！我们出去走走吧。

　　女：　是啊！现在是春天，各种花都开了，空气也很新鲜。

7．女： 孩子，不要在马路上玩儿好不好？

男： 知道了，妈妈。

8．男： 明天我们坐火车去还是坐大巴去？

女： 坐大巴会塞车，还是坐火车吧。

9．女： 你累不累？要不我开吧，你休息一会儿。

男： 没关系，回去的时候你开吧。

10．男： 你怎么吃得这么少啊？再吃点儿吧。

女： 不能再吃了，最近我正在减肥。

第 二 部 分

一共 10 个题，每题听两次。

例如：　　为了让自己更健康，他每天都花一个小时去锻炼身体。
　　　　　★　他希望自己很健康。

　　　　　今天我想早点儿回家。看了看手表，才五点。过了一会儿再看表，还是五点，我
　　　这才发现我的手表不走了。
　　　　　★　那块儿手表不是他的。

现在开始第 11 题:

11．　这个周末有同学会，不过我去不了了，因为我要去杭州出差，真可惜。
　　　★　周末我能去参加同学会。

12．　我想去买书，你有时间吗? 陪我去书店，好吗?
　　　★　我不想去买书。

13．　我打算辞职，换个新工作，所以最近每天都在看报纸，看看有没有招聘广告。
　　　★　我打算换工作。

14．　今天百货商店大减价，很多商品都在打折，苹果打八折，饮料打九折，听说有的衣
　　　服打五折，所以商店里人很多。
　　　★　从明天开始百货商店大减价。

15．　我第一次去夏威夷旅行的时候，印象特别深，那里的大海非常漂亮，虽然气候有点儿
　　　热，但阳光却非常好。特别是那里的酒店，不仅干净、舒适，而且服务也非常好。
　　　★　他对夏威夷的印象不太好。

16．　2008年的北京奥运会是奥运史上最有新意的一届，让全世界的人看到了一个民族的
　　　自尊，同时也对中国有了更进一步的了解，中国通过奥运会向世界展示了自己的潜
　　　力。
　　　★　奥运会向世界展示了中国的潜力。

17. 写字的时候，有的人用左手，有的人用右手，还有的人两只手都可以用，不过用右
手的人比用左手的人多。

    ★ 每个人写的字都不一样。

18. 那里好像没有停车场，所以我们不要开车去了，还是打车去吧。如果开车去的话，
还不能喝酒。

    ★ 他们要去修车。

19. 小时候我很喜欢去游乐园玩儿，所以现在每当我在电视里看到游乐园的时候，我就
会想起过去的往事。

    ★ 小时候他喜欢去游乐园玩儿。

20. 今天晚上下班以后我想去逛商店，可是我们科长说今晚我们办公室的人要一起会
餐，我不喜欢喝酒，也不喜欢热闹，所以我想偷偷溜走。

    ★ 我不想去会餐。

第 三 部 分

一共 10 个题，每题听两次。

例如：　男：　小王，帮我开一下门，好吗？谢谢！
　　　　女：　没问题。您去超市了？买了这么多东西。
　　　　问：　男的想让小王做什么？

现在开始第 21 题：

21.　女：　你怎么了？怎么这么没精神啊？
　　　男：　昨天晚上看电视看到了凌晨四点，只睡了两个小时。
　　　问：　男的为什么没精神？

22.　男：　人怎么这么多啊？得等多长时间啊？
　　　女：　这里每天都这样，因为这家小吃店老板的手艺特别好。我们坐在这里等等
　　　　　　吧，不要去别的地方了，我想吃这里的担担面。
　　　问：　他们最有可能在哪儿？

23.　女：　下午在哪儿开会啊？
　　　男：　在二楼的小会议室，别来晚了，会议三点开始，你最好提前五分钟来。
　　　问：　下午在哪儿开会？

24.　男：　哪个是你姐姐？你快告诉我，我去跟她打个招呼。
　　　女：　穿红色连衣裙的那个。
　　　问：　她姐姐穿着什么颜色的衣服？

25.　女：　明天下不下雨啊？我新买了条裙子，明天想穿。
　　　男：　天气预报说明天有大雨，你还是不要穿裙子了。
　　　问：　明天天气怎么样？

26.　男：　都等了半个小时了？汽车怎么还不来啊？
　　　女：　看样子汽车是不会来了，要不我们坐地铁吧。
　　　问：　他们在等什么？

27. 　女： 你要搬家啊？为什么？你不是刚搬家吗？
　　 男： 我们公司搬到了郊区，每天上下班要两三个小时，太累了，所以我又得搬
　　　　 家了。
　　 问： 男的为什么要搬家？

28. 　男： 听说你儿子考上大学了，祝贺你啊！
　　 女： 谢谢！真不容易啊，我儿子考了两年才考上，这下我可以轻松一下了。
　　 问： 男的为什么要祝贺女的？

29. 　女： 三本书一共是46块，您这是50块，找您4块。
　　 男： 谢谢！麻烦你帮我包一下好吗？
　　 问： 男的给了女的多少钱？

30. 　男： 这里是我小时候住过的地方吗？我怎么一点儿也想不起来了呢？
　　 女： 那时你才六岁，当然不会记得那么清楚。
　　 问： 他们在说什么？

第 四 部 分

一共 10 个题，每题听两次。

例如：　女：　晚饭做好了，准备吃饭了。
　　　　男：　等一会儿，比赛还有三分钟就结束了。
　　　　女：　快点儿吧，一起吃，菜冷了就不好吃了。
　　　　男：　你先吃，我马上就看完了。
　　　　问：　男的在做什么？

现在开始第 31 题:

31.　　男：　您是赵老师吧？我是新转来的学生，我姓李，我叫李新。
　　　　女：　你好！请坐，听说你学习很好。
　　　　男：　哪里哪里，我原来的学校很小，可这里是市重点学校，我在这里学习可能
　　　　　　　还会有些吃力，不过请老师放心，我会努力的。
　　　　女：　一会儿上课之前我给大家介绍一下，你也简单做一下自我介绍。
　　　　问：　他们是什么关系？

32.　　女：　我要两张去北京的火车票，顺便再问一下，在这里可不可以买回程票？
　　　　男：　回程票也可以在这里买，你要几点的？
　　　　女：　我要八点的，回程票要早上的。
　　　　男：　这是两张往返票，请您拿好。
　　　　问：　他们最可能在哪里？

33.　　男：　听说你最近去健身房锻炼身体，你都什么时候去啊？
　　　　女：　每周一、三、五。
　　　　男：　我也想去，你去的那家健身房怎么样？
　　　　女：　刚开业，所以又干净又好，你来吧，我们正好做个伴儿。
　　　　问：　女的什么时候去锻炼？

34.　　女：　我们怎么去啊？
　　　　男：　先坐34路公交车，然后再倒26路就到了。
　　　　女：　路上要花多长时间？
　　　　男：　大概一个小时吧。
　　　　问：　他们打算怎么去？

35.　男：　明天是你的生日，你想要什么礼物？
　　　女：　买什么礼物，不用了，我请大家吃饭，你来参加就可以了。
　　　男：　那怎么好意思啊，你喜欢什么？要不我给你买蛋糕吧。
　　　女：　我已经定做了。
　　　问：　明天是什么日子？

36.　女：　这里好漂亮啊！来这里旅游真是来对了。
　　　男：　这里风景真好，山美水美，人更美。
　　　女：　你看那朵花多好看啊！帮我照张相好吗？
　　　男：　可以啊，准备好了吗？一、二、三。
　　　问：　他们正在做什么？

37.　男：　请问一下，你看见一个女孩子了吗？
　　　女：　刚才好像看到过一个女孩子。
　　　男：　她是不是穿着红色的裙子、白色的上衣？
　　　女：　对不起，我没仔细看，所以想不起来穿着什么颜色的衣服。
　　　问：　男的在做什么？

38.　女：　那个人是谁啊？是男的还是女的？
　　　男：　他是我的好朋友，他的头发有点儿长，所以看上去像女的。
　　　女：　你们俩长得很像，个子也差不多。
　　　男：　是啊，很多人都这么说。
　　　问：　头发很长的那个人是男的还是女的？

39.　男：　我的手机怎么没信号了？
　　　女：　因为我们现在在地下室，所以没有信号。
　　　男：　我还以为我的手机坏了呢。
　　　女：　我第一次来这里的时候，也以为是我的手机出了什么问题。
　　　问：　他们在哪里？

40.　女：　你妈妈身体怎么样了？我听说她住院了。
　　　男：　前几天感冒了，烧得很厉害，所以就去住院了。
　　　女：　现在怎么样了？好些了吗？
　　　男：　已经好了，明天就可以出院了。
　　　问：　男人的妈妈怎么了？

부 록

답안지를 익혀라!

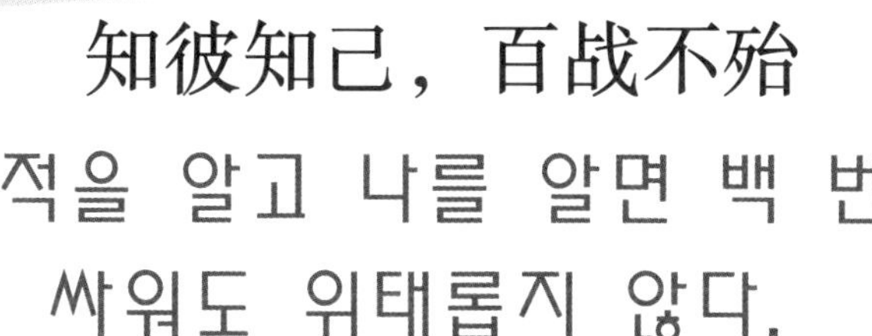

新 汉 语 水 平 考 试
HSK（三级）答题卡

姓名

国籍　[0] [1] [2] [3] [4] [5] [6] [7] [8] [9]
　　　[0] [1] [2] [3] [4] [5] [6] [7] [8] [9]
　　　[0] [1] [2] [3] [4] [5] [6] [7] [8] [9]

性别　　　男 [1]　　　女 [2]

序号　[0] [1] [2] [3] [4] [5] [6] [7] [8] [9]
　　　[0] [1] [2] [3] [4] [5] [6] [7] [8] [9]
　　　[0] [1] [2] [3] [4] [5] [6] [7] [8] [9]
　　　[0] [1] [2] [3] [4] [5] [6] [7] [8] [9]
　　　[0] [1] [2] [3] [4] [5] [6] [7] [8] [9]

考点　[0] [1] [2] [3] [4] [5] [6] [7] [8] [9]
　　　[0] [1] [2] [3] [4] [5] [6] [7] [8] [9]
　　　[0] [1] [2] [3] [4] [5] [6] [7] [8] [9]

你是华裔吗？
是 [1]　　　不是 [2]

年龄　[0] [1] [2] [3] [4] [5] [6] [7] [8] [9]
　　　[0] [1] [2] [3] [4] [5] [6] [7] [8] [9]

学习汉语的时间：

1年以下 [1]　　1年-18个月 [2]　　18个月-2年 [3]　　2年-30个月 [4]　　30个月-3年 [5]　　1年以上 [6]

注意　　请用2B铅笔这样写：▬

一、听力

1. [A] [B] [C] [D] [E] [F]　　6. [A] [B] [C] [D] [E] [F]
2. [A] [B] [C] [D] [E] [F]　　7. [A] [B] [C] [D] [E] [F]
3. [A] [B] [C] [D] [E] [F]　　8. [A] [B] [C] [D] [E] [F]
4. [A] [B] [C] [D] [E] [F]　　9. [A] [B] [C] [D] [E] [F]
5. [A] [B] [C] [D] [E] [F]　　10. [A] [B] [C] [D] [E] [F]

11. [✓] [✕]　　16. [✓] [✕]　　21. [A] [B] [C]
12. [✓] [✕]　　17. [✓] [✕]　　22. [A] [B] [C]
13. [✓] [✕]　　18. [✓] [✕]　　23. [A] [B] [C]
14. [✓] [✕]　　19. [✓] [✕]　　24. [A] [B] [C]
15. [✓] [✕]　　20. [✓] [✕]　　25. [A] [B] [C]

26. [A] [B] [C]　　31. [A] [B] [C]　　36. [A] [B] [C]
27. [A] [B] [C]　　32. [A] [B] [C]　　37. [A] [B] [C]
28. [A] [B] [C]　　33. [A] [B] [C]　　38. [A] [B] [C]
29. [A] [B] [C]　　34. [A] [B] [C]　　39. [A] [B] [C]
30. [A] [B] [C]　　35. [A] [B] [C]　　40. [A] [B] [C]

二、阅读

41. [A] [B] [C] [D] [E] [F]　　46. [A] [B] [C] [D] [E] [F]
42. [A] [B] [C] [D] [E] [F]　　47. [A] [B] [C] [D] [E] [F]
43. [A] [B] [C] [D] [E] [F]　　48. [A] [B] [C] [D] [E] [F]
44. [A] [B] [C] [D] [E] [F]　　49. [A] [B] [C] [D] [E] [F]
45. [A] [B] [C] [D] [E] [F]　　50. [A] [B] [C] [D] [E] [F]

51. [A] [B] [C] [D] [E] [F]　　56. [A] [B] [C] [D] [E] [F]
52. [A] [B] [C] [D] [E] [F]　　57. [A] [B] [C] [D] [E] [F]
53. [A] [B] [C] [D] [E] [F]　　58. [A] [B] [C] [D] [E] [F]
54. [A] [B] [C] [D] [E] [F]　　59. [A] [B] [C] [D] [E] [F]
55. [A] [B] [C] [D] [E] [F]　　60. [A] [B] [C] [D] [E] [F]

61. [A] [B] [C]　　66. [A] [B] [C]
62. [A] [B] [C]　　67. [A] [B] [C]
63. [A] [B] [C]　　68. [A] [B] [C]
64. [A] [B] [C]　　69. [A] [B] [C]
65. [A] [B] [C]　　70. [A] [B] [C]

三、书写

71.
72.
73.
74.
75.

76.　　77.　　78.　　79.　　80.